CHANSONS
FOLLES ET SAGES

PAUL PARELON

CHANSONS

FOLLES & SAGES

PRÉFACE

DE LOUIS GUIBERT

PARIS
LIBRAIRIE DE FRÉDÉRIC HENRY
au Palais-Royal
GALERIE D'ORLÉANS, 12
MDCCCLXIV

PRÉFACE

Un mot sur la Chanson en général, au commencement de ce volume de chansons.

Dans les âges primitifs, toute poésie était une chanson. Peu à peu, cependant, cette dernière vit se restreindre son domaine et l'on distingua la poésie déclamée, épos, de la poésie chantée, ôdê. Plus tard enfin, la Chanson forma dans le genre lyrique une subdivision particulière, la Scolie.

La Chanson proprement dite ne fut plus alors qu'un petit poëme, composé d'un nombre indéterminé de strophes, en général semblables entr'elles et pouvant s'adapter à la même mélodie. Cette définition est, nous le reconnaissons, extrêmement vague; mais il est impossible d'en donner une plus satisfaisante. La Chanson n'a pas, en effet, de domaine qui lui soit propre. Elle revêt toutes les formes et chasse sur les terres de presque tous les autres genres. Comme la comédie et l'apologue, elle moralise en riant; tantôt elle se souvient et pleure ainsi que l'élégie; tantôt elle emprunte à l'ode ses accents enthousiastes, à la satire ses traits mordants et passionnés.

La France a, de tout temps, été la terre favorite de la Chanson. Le caractère, la tournure d'esprit de ses habitants, la vivacité et la mobilité de leurs impressions, leur besoin irrésistible de les faire partager, leur malice, leur manie de tout fronder, leur goût pour le plaisir et la littérature légère, les portaient naturellement vers cette sorte de composition. La Chanson a pris chez nous sa véritable allure. Elle est devenue, en France, depuis une époque assez reculée, l'expression populaire de la poésie. Au moyen-âge, le peuple ne connaissait guère les longs poëmes de gestes. Sa littérature consistait en noëls, en pastourelles, en chansons à boire et en chansons d'amour. La plupart des pièces de nos troubadours et de nos trouvères, depuis Guillaume d'Aquitaine jusqu'à Pierre Cardinal, et, depuis Adam de La Halle et Thibaut de Champagne jusqu'à Eustache Deschamps et Villon, appartiennent au genre qui nous occupe.

Chez les Grecs, la Chanson fut souvent d'une délicatesse et d'une pureté de langage exquises. Ce n'est pas, en général, par ces qualités qu'elle brille chez nous, mais elle en a d'autres qui les valent bien. Les principaux caractères de la Chanson française sont la franchise, la netteté, la malice spirituelle et mordante, une certaine bonhommie narquoise, et, dans les sujets élevés, une allure fière, large, puissante, vigoureuse, parfois un peu rude.

La Chanson, chez nous, est bonne fille et point du tout prude : elle aime la hardiesse et ne proscrit pas la fantaisie; elle admet le mot nouveau comme l'expression vieillie, avec quelque choix cependant. Par là elle se crée une langue vive, facile, originale et pittoresque. De tous les genres de poésies, seule, elle a conservé un reste de liberté et peut encore se permettre de transgresser, sur certains points, les rigides lois de la versification française. Sa place n'est point à l'Académie : la Chanson aime à avoir ses coudées franches et appartient à toutes les oppositions, tout en n'étant d'aucun parti. Béranger, qui a été de nos jours la personnification de la Chanson française, a fait preuve d'esprit et de tact en refusant de siéger à l'assemblée des Immortels.

Béranger a fait parler à la Chanson française un langage qu'elle avait oublié depuis Eustache Deschamps. Bien que l'esprit du bonhomme fût trop fin et son style trop soigné pour que le vulgaire pût apprécier toutes les délicatesses de sa pensée et de sa forme, le peuple avait adopté le poète et l'avait proclamé son chansonnier. — Malheureusement, Béranger seul maintenait la Chanson au niveau où il l'avait élevée. Il était parvenu à rendre le peuple difficile; mais quand il ne fut plus, celui-ci retourna à des mets plus grossiers. Aucun poète ne recueillit l'héritage du chansonnier et ne put empêcher une triste réaction de se produire, aussitôt que cette voix aimée ne se fit plus entendre. — Actuellement, la Chanson est tombée aussi bas qu'il est possible de tomber. Les chansonniers du vieux temps, et comme eux Béranger, l'avaient faite parfois grivoise et licencieuse; mais elle était presque constamment restée spirituelle, gaie et d'un style élégant. C'était un morceau littéraire, une œuvre d'art. Depuis la mort du chantre de Lisette, la Chanson s'est faite plate et bête à plaisir. C'est à regretter les *pont-neuf*. A *Drin, drin*, ont succédé le *Mirliton*, les *P'tits Agneaux*, le *Pied qui r'mue*, *Ah! zut alors*....., des avortons informes, inqualifiables, monstrueux. Chacune de ces absurdes complaintes a gardé la vogue et la royauté de la rue pendant quelques mois; les interrègnes sont remplis par des romances où le vide des idées égale la sentimentale niaiserie de la forme. Le peuple qui adopte de pareilles chansons se ravale et s'abrutit.

Pour combattre cette épidémie de sottise, il ne faut pas compter sur des œuvres purement littéraires. Et qu'on nous permette de le dire ici : c'est à tort que la Chanson a été souvent assimilée à la Comédie. Sans doute elles ont parfois le même but et y arrivent par les mêmes moyens; mais la première ne saurait être astreinte à l'élégance et à la politesse de la seconde. La Comédie reste dans le sanctuaire; la Chanson court les rues. Celle-ci appartient à tous et son interprétation est du domaine public; celle-là a besoin d'interprètes spéciaux, préparés par de sérieuses études, aguerris par de longs débuts.

Où donc trouverons-nous le remède au mal profond qui ronge le genre de poésie le plus français qui fut jamais? Nous pensons qu'il faut le chercher dans des chansons d'un caractère intermédiaire, pleinement compréhensibles aux intelligences les plus humbles, cachant sous des expressions familières et de faciles refrains une idée morale, ou, au moins, un appel au cœur, un jeu d'esprit, une joyeuse plaisanterie. La Chanson ne doit pas s'abaisser jusqu'à prendre pour règle les goûts dépravés de la populace; mais il ne lui est pas défendu, pour se mettre à la portée de tous, d'adopter quelques formes populaires, quelques mots que l'on peut taxer de trivialité, mais qui sont, d'ailleurs, expressifs et d'un usage général. En faisant ainsi de petites concessions, sur lesquelles ils reviendront plus tard, les chansonniers pourront espérer de relever peu à peu la Chanson; ils rendront insensiblement au public le goût et le tact qu'il avait naguère, en l'habituant à n'accepter que des compositions ayant un sens et une valeur.

Quelques chansonniers, parmi les plus jeunes, il faut le dire à l'honneur de la jeunesse, malgré tout leur désir de rendre leur nom populaire, n'avaient pas eu le triste courage de s'abaisser aux ignominieuses servilités qu'un certain public attend d'eux. Ils sont résolûment entrés dans la voie que nous indiquions tout à l'heure; et, parmi ceux-ci, M. Paul Parelon se placera bientôt, nous en avons la confiance, au premier rang.

C'est un heureux titre que le jeune chansonnier a choisi pour mettre en tête de son premier recueil: CHANSONS FOLLES ET SAGES.... N'est-ce point là comme le résumé de la vie humaine : Sagesse et folie, — cela dure ainsi jusqu'au bout, et puis encore

Tout finit par des chansons

comme dit le Brid'oison de Beaumarchais.

Fidèle à son titre, le volume de chansons que M. Paul Parelon publie aujourd'hui, contient des pièces de caractères fort opposés : toutes ont leur mérite et leur signification ; toutes offrent une idée morale ou spirituelle, sous une forme correcte et simple. Mais plusieurs atteignent à la haute et grande poésie. Nous citerons parmi celles-ci *les Chevaliers de la Dèche*, qui nous semble être une des meilleures pages du livre. Le morceau tout entier a quelque chose de sombre, de sauvage et de désespéré :

Les voyez-vous passer là-bas,
Le nez au vent, marquant le pas
Avec leurs bottes éculées,
Ces gueux, sombres comme l'Enfer,
Dont le regard cherche dans l'air
Leurs illusions envolées ?...

. . . .

Ah ! plus d'un, dans son âme en feu,
Sentant le souffle ardent de Dieu,
Use en luttes vaines sa vie,
Et, parmi la foule oublié,
Porte en son cœur supplicié
Le deuil d'un immense génie !

Le *Chant des Spahis* est énergique et brûlant; l'escadron rouge passe comme le simounn sur les sables du désert :

On croirait ouïr la tempête
Mugir sous la mer en courroux
Quand le vent, en sifflant, s'arrête
Sous les plis de leurs longs burnous....

. . . .

Ils ont péché ! — Le puissant Maître,
Arbitre de tous les destins,
Pour cela les voulut soumettre
A la puissance des Chrétiens.
Mais sous les lois des infidèles
S'ils courbent le front aujourd'hui,
Dans ses volontés éternelles
Dieu soit loué ! — C'était écrit !

Le recueil contient plusieurs pièces sur un ton aussi élevé que celles-là. D'autres sont d'une gaîté, d'un esprit charmants, comme *un Coup de Balai,* le Gen-

darme de Carpentras, Ce qui m'embête, les Girouettes, le Curé de chez nous, où d'une exquise sensibilité, comme *le Chêne de l'aïeul, la Dernière Latine, le Souper de Suzon, Chantez! Priez! Aimez! le Festin des Amours, ma Meunière et mon moulin*.

Nous nous laisserions facilement aller au plaisir d'examiner en détail, avec le lecteur, toutes les chansons qui composent le petit recueil de M. Paul Parelon; mais à quoi bon? Nous avons affaire à un public intelligent. Qu'il lise et qu'il juge. — Nous, l'avocat de ce livre qui n'a pas besoin d'avocat, nous nous en remettons, non à son indulgence, mais à sa justice.

Louis Guibert.

CHANSONS FOLLES ET SAGES

CE QUI M'EMBÊTE

A MONSIEUR ÉMILE DE LA BÉDOLLIÈRE

Air de *l'Enrhumé* (Béranger).

Sur ma musette de bois vert
Je voudrais roucouler un air
  Ni triste, ni trop bête.
J'ai beau frapper mon front, hélas!
Je cherche et je ne trouve pas.
    Messieurs, c'est là,
      Oui, c'est cela,
   C'est cela qui m'embête.

Avant de chanter, bien souvent,
Pour regarder d'où vient le vent,
  Prudemment je m'arrête;
Les tartufes et les méchants
Pourraient fort bien siffler mes chants.
    Messieurs, c'est là,
      Oui, c'est cela,
   C'est cela qui m'embête.

Dans notre superbe cité
Qui dégénère, en vérité,
   Tout se vend et s'achète :
L'honneur, les faveurs, les amours;
Et la loyauté n'a plus cours.
     Messieurs, c'est là,
      Oui, c'est cela,
   C'est cela qui m'embête.

Dans leurs prônes, dans leurs sermons,
Furieux comme des démons,
   Les yeux hors de la tête,
Des prêtres parlent au saint lieu
Bien plus du diable que de Dieu.
     Messieurs, c'est là,
      Oui, c'est cela,
   C'est cela qui m'embête.

Des gens à cinquante couleurs,
Sous tout régime, des honneurs
   Escaladent le faîte.
Ces fins parleurs, perchés si haut,
Des nations sont le fléau.
     Messieurs, c'est là,
      Oui, c'est cela,
   C'est cela qui m'embête.

On regarde le travailleur
D'un œil méprisant et railleur,
   Parcequ'il n'est qu'honnête;
Devant des fripons enrichis
S'inclinent bourgeois et marquis.
     Messieurs, c'est là,
      Oui, c'est cela,
   C'est cela qui m'embête.

L'autre soir, au bal des Lilas,
D'une fillette aux ronds appas
   J'avais fait la conquête.
Hélas! pas d'amour sans argent;
Et, comme j'étais indigent....
     Messieurs, c'est là,
      Oui, c'est cela,
   C'est cela qui m'embête.

Sombrerez-vous, pauvres chansons,
Comme un esquif sur des glaçons,
   Ou vous fera-t-on fête?
Ah! votre sort me fait frémir....
La peur m'empêche de dormir.
     Messieurs, c'est là,
      Oui, c'est cela,
   C'est cela qui m'embête.

MA FEMME ET MON CHIEN

Je suis heureux dans ma cabane,
Autant que le roi d'Yvetot.
Mon épouse se nomme Jeanne,
Et mon chien s'appelle Rustaud.
Tous trois, en bonne intelligence,
Nous vivons sous le même toit;
Il n'est pas trois chrétiens en France
Unis d'un lien plus étroit.

Entre les deux, oui, sur mon âme !
Mon cœur balanc', voyez-vous bien !
J'aime autant mon chien que ma femme,
Autant ma femme que mon chien.

Je vais vous conter l'origine
De cette fervente amitié :
Jeanne était déjà ma cousine
Lorsqu'elle devint ma moitié.
Mon Rustaud est né de la fille
Du fils du chien d'un d'mes aïeux ;
Nous somm's de la même famille,
Et ne nous en aimons que mieux.

Entre les deux, oui, sur mon âme!
Mon cœur balanc', voyez-vous bien!
J'aime autant mon chien que ma femme,
Autant ma femme que mon chien.

L'été dernier, ma bonne épouse,
Comme nous cueillions nos pruneaux,
Par surprise, sur la pelouse,
Me fit cadeau de deux jumeaux ;
Mon Rustaud, dont l'oreille est fine,
Le soir même étrangla deux loups,
Qui venaient la nuit, en sourdine,
Voir les brebis jusques chez nous.

Entre les deux, oui, sur mon âme!
Mon cœur balanc', voyez-vous bien!
J'aime autant mon chien que ma femme
Autant ma femme que mon chien.

. . . .

Hélas! la mort, de ma cabane,
Emporta mes pauvres petits,
Et, de chagrin, ma bonne Jeanne
Monta les joindre au paradis.
En la portant au cimetière,
J'avais mal au cœur, sur ma foi!

Mon vieux Rustaud suivait la bière
Et pleurait tout autant que moi.

Depuis ce jour, oui, sur mon âme!
Mon cœur est trist', voyez-vous bien!
Nuit et jour je pleure ma femme
Et je n'aime plus que mon chien.

LA CHANSON DU CŒUR

Tout ce qui vit sur la terrestre plage
Subit la loi du pouvoir éternel :
Si les oiseaux chantent dans le bocage,
Si nous chantons, c'est par l'ordre du Ciel.
Aux lieux sacrés où se lève l'aurore,
Où règne un Dieu que tous nous bénissons,
Zéphyr léger, amant chéri de Flore,
Va, sur ton aile emporte mes chansons.

Du haut du ciel, c'est le bon Dieu qui donne
Le pain au pauvre et la rosée aux fleurs ;

Du doux printemps et des fruits de l'automne
Le soleil fait les riantes couleurs.
D'épis nombreux quand la plaine se dore,
Au gai soleil qui mûrit les moissons,
Zéphyr léger, amant chéri de Flore,
Va, sur ton aile emporte mes chansons.

Chantons l'amour, cette seconde vie
Dont le bon Dieu fait don à ses élus,
Ce feu sacré par qui l'âme ravie
Goûte ici-bas des bonheurs inconnus.
Vers la beauté qui m'aime et que j'adore,
Avec les chants de l'hôte des buissons,
Zéphyr léger, amant chéri de Flore,
Va, sur ton aile emporte mes chansons.

Vive l'amour! vive ma belle France!
Fille de Dieu, reine des nations,
Dont les soldats portent l'indépendance
Aux opprimés de toutes régions.
A l'aigle d'or du drapeau tricolore
Qui fit pâlir les plus nobles blasons,
Zéphyr léger, amant chéri de Flore,
Va, sur ton aile emporte mes chansons.

Sous le clocher de notre vieille église,
Pour nous encor battent des cœurs amis.

Puissent nos chants, écoutés par la brise,
Etre redits par l'écho du pays.
Aux bons vieillards que le Ciel garde encore
A notre cœur, et que nous chérissons,
Zéphyr léger, amant chéri de Flore,
Va, sur ton aile emporte nos chansons.

ை

L'ORPHELINE

—

L'aurore se levait : une pauvre orpheline
A sa mère endormie allait dire un adieu.
C'était un petit ange, et sa bouche enfantine
Offrait matin et soir son chaste cœur à Dieu.
Elle était à genoux devant la froide pierre ;
Sa douce voix disait, sous son long voile noir :
—Ayez pitié de moi, car je n'ai plus de mère ;
Mon Dieu, faites qu'au ciel je puisse la revoir !

Elle priait ainsi le Seigneur qui pardonne
Et puis elle pleurait et mendiait du pain.
En rougissant, hélas ! de demander l'aumône,
Au passant, suppliante, elle tendait la main.

Et des larmes mouillaient sa timide paupière,
Lorsque sa voix disait, sous son long voile noir :
— Ayez pitié de moi, car je n'ai plus de mère,
Et je dirai pour vous ma prière du soir.

Lorsque, sans écouter la pauvre créature,
Quelqu'un la repoussait d'un bras trop inhumain,
Elle baissait les yeux et, souffrant sans murmure,
Elle laissait tomber sa tête sur son sein.
Et des larmes mouillaient sa timide paupière
Lorsque sa voix disait, sous son long voile noir :
— Ah! vous ne savez pas ce que c'est qu'une mère,
Pour le connaître bien il faut n'en plus avoir!

CHANTEZ, PRIEZ, AIMEZ!

Hôtes des bois et frères des poètes,
Chantres divins, éternels voyageurs,
Vous, du printemps célestes interprètes,
Vous qui chantez quand renaissent les fleurs;
J'aime à vous voir, jeune et libre cohorte,
Bâtir vos nids au milieu des buissons,
Je suis heureux quand le zéphyr apporte
Jusques à moi le bruit de vos chansons.

Petits oiseaux, enfants de l'harmonie,
Le Dieu du ciel sourit à vos amours,
Du prisonnier votre voix est bénie :
Petits oiseaux, chantez, chantez toujours.

Pauvres petits, quand le givre et la glace
Se sont fondus sous les regards des cieux,
D'où venez-vous, lorsqu'errants dans l'espace
On vous revoit toujours gais et joyeux ? —
Du triste hiver, hélas ! sentant la bise
Vous apporter la misère et le froid,
Vous aviez fui près de la vieille église
Où Dieu vous donne asile sous son toit.

Vos chants d'amour ne sont qu'une prière
Faite au bon Dieu qui donne les beaux jours ;
En vous aimant dans vos nids de bruyère,
Petits oiseaux, priez, priez toujours !

Gais bohémiens, philosophes volages,
Ah ! vous vivez bien plus heureux que nous,
Car vous charmez le temps par vos voyages :
A nous la terre.... et le ciel est à vous.
Toujours contents, dans votre insouciance,
Vous ne songez jamais au lendemain ;
Mais vous avez pour vous la Providence,
Le pain des cieux, la graine du chemin.

Petits oiseaux, quand je vous vois paraître,
Mon cœur s'éveille et sourit aux amours.
En voltigeant auprès de ma fenêtre,
Petits oiseaux, chantez, chantez toujours.

Je ne ris plus, car ma pâle maîtresse,
Dont les yeux noirs seuls faisaient ma gaîté,
Pour un peu d'or, sans pitié me délaisse,
Et je suis seul avec ma pauvreté.
Frères, chez vous, les amours sont fidèles;
Vous ne quittez jamais vos humbles nids,
Et par le ciel qui vous donna vos ailes,
Oui, par le ciel, vos amours sont bénis.

Petits oiseaux, l'aurore est éveillée;
Voici les fleurs, fillettes des beaux jours.
En gazouillant dans vos nids de feuillée,
Petits oiseaux, aimez, aimez toujours!

CES DAMES
REVUES.... MAIS NON CORRIGÉES

Air : *Pomaré, Maria.*

Tout va de mal en pis,
Tout se gâte à Paris,
Et le quartier Latin
Hélas! hélas! est devenu crétin.

O Frétillons, race dégénérée,
Vous n'avez plus le cachet du vieux temps;
L'amour a fui votre triste contrée
Avec les chants du gai Roger Bontemps.

O regrets superflus!
La grisette n'est plus....
Du satin, des bijoux!....
O Frétillon! hélas! ce n'est plus vous.

Comme à Bréda vous roulez en voiture
Le front superbe et couronné de fleurs
Et, pour payer votre folle parure,
Au poids de l'or vous vendez vos faveurs.

Elles portent joyaux,
Plumes à leurs chapeaux;

    Leur visage imposteur
Prend son éclat chez monsieur le coiffeur.

Tout est fort bien au gaz, au clair de lune;
Oui, mais, hélas! quand revient le matin,
On s'aperçoit, la chose est fort commune,
Qu'on vient d'aimer une femme faux teint.

    Vous êtes bien heureux
    Encor, si leurs cheveux,
    Peignés avec grand' soin,
Ne sont pas dûs au perruquier du coin.

Sous leurs manteaux drapés à la romaine
Restent cachés leurs étiques appas.
Leur vingt jupons et leur robe qui traîne
Cachent aux yeux les mollets qu'ell's n'ont pas.

    C'est flambard! c'est chicard!
    Mais, ma foi! pour ma part,
    J'aimerais beaucoup mieux
Moins d'embarras et du linge moins vieux.

Des sombres nuits, hélas! pâles étoiles,
Chétives fleurs d'un orageux printemps,
Si dans la rue elles portent des voiles,
C'est pour cacher qu'il leur manque des dents.

. . . .

Au tin tin du quibus,
Ces dames-*omnibus*,
A qui veut les avoir
Font avec goût l'honneur de leur boudoir.

Mais, par hasard, si vous allez chez elles,
Séduits, messieurs, par l'appas de la chair,
Gardez-vous bien d'éteindre les chandelles....
On ne saurait jamais y voir trop clair.

Les macaques velus,
S'ils avaient des écus,
Quoi qu'ils soient laids assez,
Près de ces dam's trouveraient un accès.

L'amour honnête est passé de coutume,
C'est pour cela que nous voyons chez nous
Tant de catins, le soir, sur le bitume,
Faire la chasse aux pièces de cent sous.

Fillette à l'œil moqueur
Avait séduit mon cœur.
Quand je n'eus plus d'argent,
Elle me dit : Va voir s'ils viennent, Jean !

La bourse à sec, le désespoir dans l'âme,
A contre-cœur, furieux, j'obéis....
Et, cependant, pour cette ingrate femme,

J'aurais tué tous mes meilleurs amis.

  J'eus l'idée un moment,
  Pour finir mon tourment,
  D'étouffer, sous les flots,
Mon fol amour, mes regrets, mes sanglots.

Mais la raison éclaira ma cervelle,
Et l'œil riant, le front haut et sans bruit,
Majestueux, je revins chez la belle
Pour…. retirer ma chemise de nuit.

  Douce et franche gaîté!
  Divine volupté!
  Souvenirs effacés!
Où donc est-il l'amour des temps passés?

Au temps jadis, la modeste grisette
Donnait son cœur et ne le vendait pas :
Comme son cœur, simple était sa toilette;
Et l'amour seul commandait ses ébats.

  Pour la sainte amitié
  Ces dames sans pitié,
  N'aimant rien que l'argent,
Ne veulent plus d'un amour indigent.

Boire, fumer, danser, dormir et boire,
A qui leur fit du bien, faire du mal,

Rire de nous, voilà quelle est leur gloire....
Et, tout cela finit à l'hôpital !

  Tout va de mal en pis,
  Tout se gâte à Paris,
  Et le quartier Latin
Comme le reste est devenu crétin.

LE GENDARME DE CARPENTRAS
CHANSON HÉROÏQUE

Musique de Célestin Pâquet.

A Carpentras, vill' fort jolie,
Outre qu'il est des habitants,
Il est une gendarmerie
Avec des gendarmes dedans.
L'gros Polycarpe est le plus brave;
Mais son esprit n'est pas très-mûr.
D'ses camarad's il est l'esclave :
C'est sur lui qu'tombe le plus dur.

Le doux et poli Polycarpe
De cela ne se fâche pas,
Car il est aussi bon que gras,

Le gendarme de Carpe, carpe,
Le gendarme de Carpentras.

Il avait un' bell' pair' de bottes
Avec des ép'rons aux talons,
Où c'que, pour les garer des crottes,
Il fourrait l'bout d'ses pantalons.
I'n'les garda qu'une semaine :
L'brigadier, qui n'se priv' de rien,
Les prit pour lui sans plus de gêne,
Sous prétext' qu'ell's le chaussaient bien.

Le doux et poli Polycarpe
De cela ne se fâcha pas,
Car il est aussi bon que gras,
Le gendarme de Carpe, carpe,
Le gendarme de Carpentras.

Du célibat la lassitude
Un beau jour le prit subito,
Et, pour charmer sa solitude,
Il s'enrôla dans l'conjungo.
Il prit un' femme grasse et grosse
Qu'avait servi.... comm' bonn' d'enfant ;
L'brigadier, l'soir mêm' de la noce,
Chez lui se posait en don Juan.

2

Le doux et poli Polycarpe
De cela ne se fâcha pas,
Car il est aussi bon que gras,
Le gendarme de Carpe, carpe,
Le gendarme de Carpentras.

De cette union fortunée
Naquit un garçon, en janvier.
Ce fruit d'un si doux hyménée
Avait le nez du brigadier ;
Il avait les yeux de sa mère :
De Polycarpe il n'avait rien.
On lui dit qu'il en était l'père,
Et le brigadier fut parrain.

Le doux et poli Polycarpe
De cela ne se fâcha pas,
Car il est aussi bon que gras,
Le gendarme de Carpe, carpe,
Le gendarme de Carpentras.

Avec un courage admirable,
Un jour il arrêta, d' sa main,
Un criminel qu'était coupable
D'un crim' tout à fait inhumain.
D'après l'avis d'la ville entière
Il méritait la croix d'honneur....

Le brigadier fit si bonn' guerre
Qu' c'est lui qu'eut l'étoil' sur le cœur.

Le doux et poli Polycarpe
De cela ne se fâcha pas,
Car il est aussi bon que gras,
Le gendarme de Carpe, carpe,
Le gendarme de Carpentras.

Il tomb' malad' de la jaunisse;
Le narquois brigadier en rit.
Trois jours après, — c'était justice! —
L'brigadier tomb' malade aussi.
Polycarpe se désespère,
On croyait tout espoir enfui.
Il s'voyait déjà dans la bière....
Mais l'brigadier mourut pour lui.

Le doux et poli Polycarpe
De cela ne se fâcha pas,
Car il est aussi bon que gras,
Le gendarme de Carpe, carpe,
Le gendarme de Carpentras.

LES PAUVRES

Riches heureux qui courez à la fête,
Pour qui la vie est un riant festin ;
Riches, pourquoi détournez-vous la tête
Quand l'indigent devant vous tend la main ?
Donnez, donnez, il a besoin d'aumône,
Dans sa mansarde il n'a ni pain ni feu.
Dieu qui nous voit bénit celui qui donne :
Les pauvres gens sont les frères de Dieu.

   Ecoutez de la misère
  Les cris et les tristes accents.
   L'aumône est une prière
Qui monte à Dieu comme le pur encens.

Chastes amants qui, sous l'œil de Marie,
Allez former les plus tendres liens,
N'oubliez pas cet enfant qui vous prie ;
Car, comme vous, les pauvres sont chrétiens.
Votre bonheur n'est qu'un rêve frivole....
A vos enfants, si vient l'adversité,
Ce malheureux que votre cœur console
Peut-être un jour fera la charité.

Ecoutez de la misère
Les cris et les tristes accents.
L'aumône est une prière
Qui monte à Dieu comme le pur encens.

Folles beautés qui courez à la danse
Et, sans soucis, ne songez qu'au plaisir,
Arrêtez-vous, donnez à l'indigence ;
Un pauvre est là que la faim fait souffrir.
Votre âme, hélas! a besoin de prière ;
Donnez ; pour vous il priera l'Eternel.
Comme le Christ, s'ils souffrent sur la terre,
Les pauvres gens sont puissants dans le ciel.

Ecoutez de la misère
Les cris et les tristes accents.
L'aumône est une prière
Qui monte à Dieu comme le pur encens.

L'EXILÉ

Toi qui fends l'air avec tant de gaîté,
Si tu connais ma peine et ma détresse,
Assez heureux d'avoir la liberté,
Petit oiseau, viens charmer ma tristesse.
Pourquoi passer sans donner un adieu
A l'exilé qui gémit solitaire?
Belle hirondelle, arrête, au nom de Dieu....
Et réponds-moi, connais-tu ma chaumière?

N'as-tu pas vu dans le coin du foyer
Ma mère, hélas! pleurant ma destinée?
T'a-t-elle dit qu'à gémir, qu'à pleurer,
Par mon exil elle était condamnée?
Petit oiseau, pose-toi sur ma main;
Le triste hiver t'apporte la misère.
Ne me fuis pas : viens partager mon pain,
Mais, par pitié, parle-moi de ma mère!

N'as-tu pas vu dans ma chaumière en deuil
L'affreuse Mort, au milieu du silence,
Lever la main pour clouer un cercueil
Et me ravir ma dernière espérance?
Petit oiseau, tu peux monter aux cieux;

Vole; là-haut tu trouveras ma mère;
Tu lui diras : Il vous fait ses adieux.
Pour votre enfant, dites une prière.

LISE ET LUBIN

Un soir d'été que la brise
Dans l'air volait doucement,
Lubin, à la belle Lise,
Disait amoureusement :

Du printemps de la vie,
Cueillons la fleur, ma mie;
Le soleil des amours
Ne brillera pas toujours.

Entre les peupliers sombres
Qui bordent le vert chemin,
Ils erraient comme deux ombres
En se tenant par la main.

Du printemps de la vie,
Cueillons la fleur, ma mie;
Le soleil des amours
Ne brillera pas toujours.

Tremblante, la belle Lise
A Lubin ne disait mot,
Se défiant de la brise
Qui redit tout à l'écho.

Du printemps de la vie
Cueillons la fleur, ma mie.
Le soleil des amours
Ne brillera pas toujours.

Un torrent — dont l'onde blanche
Tout auprès de là grondait, —
Bruyant comme une avalanche
Seul à Lubin répondait.

Du printemps de la vie
Cueillons la fleur, ma mie.
Le soleil des amours
Ne brillera pas toujours.

Lise, tu n'es plus la même,
Disait le pauvre garçon.
Pourquoi rester, quand je t'aime,
Aussi froide qu'un glaçon ?

Du printemps de la vie
Cueillons la fleur, ma mie.

Le soleil des amours
Ne brillera pas toujours.

Prise d'amour, la fillette
Répondait, quand, tout-à-coup,
D'un ton moqueur, sur sa tête,
Chanta trois fois le coucou.

  Du printemps de la vie
  Cueillons la fleur, ma mie.
  Le soleil des amours
Ne brillera pas toujours.

De frayeur, Lise la brune
S'affaissa sur le gazon :
Tout se tut.... seule, la lune
Ricanait à l'horizon.

  Du printemps de la vie
  Cueillons la fleur, ma mie.
  Le soleil des amours
Ne brillera pas toujours.

Quand, de sa peur revenue,
Lisette se releva,
Baissant les yeux, tout émue,
Lubin tout bas lui chanta :

Du printemps de la vie
Cueillons la fleur, ma mie.
Le soleil des amours
Ne brillera pas toujours.

LA DERNIÈRE LATINE

Air : *Non, il n'est plus, mon vieux quartier Latin.*

Bonjour, enfants ! — mais ici quel silence !
On ne rit pas et l'on ne chante plus.
Du vieux quartier, foyer de l'espérance,
Jours si joyeux, qu'êtes-vous devenus ?
Moi, je reviens avec ma chansonnette ;
Je veux vous voir tous rieurs et contents.
Enfants, je suis la dernière grisette :
Recommençons les chansons du vieux temps.

Séduite un jour par l'or et la richesse,
J'ai méprisé vos modestes plaisirs ;
Ailleurs je n'ai trouvé que la tristesse :
L'or et l'argent ont trompé mes désirs.

Là-bas j'ai vu de magnifiques fêtes
Dans des salons aux lambris éclatants.
J'ai regretté vos joyeuses chambrettes :
Recommençons les chansons du vieux temps.

J'ai bu, là-bas, le meilleur vin d'Espagne
Que me versait un vicomte brutal ;
J'ai vu couler, à longs flots, le champagne
A la lueur des lustres de cristal.
J'ai regretté le vin de la Chaumière
Et vos festins, ô gais étudiants,
Où nous buvions tous dans le même verre :
Recommençons les chansons du vieux temps.

Ils m'ont offert des joyaux, de la soie ;
Et des marquis des plus nobles maisons
Ont, pour payer mon amour et ma joie,
Mis à mes pieds leur or et leurs blasons.
Qu'ai-je besoin de toute leur richesse
Quand j'ai pour moi taille fine et vingt ans !
Ils m'auraient pris ma gaîté, ma jeunesse :
Recommençons les chansons du vieux temps.

Allons, enfants, levez vos fronts moroses :
Auprès de vous me voici de retour.
L'hiver a fui, voyez fleurir les roses ;
Chantons le vin, la jeunesse et l'amour.

Avec vous seuls votre brune grisette
Veut effeuiller les fleurs de son printemps.
Redonnez-moi ma folâtre musette :
Recommençons les chansons du vieux temps.

En revenant, enfants, je vous apporte
Joie et plaisir, doux et divin trésor ;
Accueillez-les : ouvrez-moi votre porte ;
Aimez pendant qu'il en est temps encor.
Trop tôt, hélas ! une première ride
Sur votre front gravera cinquante ans.
Vos jeunes ans fuiront d'un pas rapide.
Recommençons les chansons du vieux temps.

Et lorsqu'un jour, vieux et brisés par l'âge,
Vous traînerez vos pas appesantis,
Chacun de vous, alors muet et sage,
Se souviendra de ses beaux jours partis.
Et résignés, quittant gaîment la terre,
Près de la tombe arrivés haletants,
Si vous jetez un regard en arrière,
Vous sourirez aux chansons du vieux temps.

A LA BARRIÈRE

Chaque dimanche à la barrière
Je vais gaîment, rasé de frais ;
Une fleur à ma boutonnière,
J'entre au plus vieux des cabarets ;
Joyeuse guinguette où les belles,
Riant au nez de la vertu,
Viennent goûter sous les tonnelles
Le plaisir du fruit défendu.

A la cave, vite, la mère !
  Ohé ! la mèr' Cadet,
  Verse à flots dans mon verre
  Ton petit vin clairet.

Ma bonne et charmante grisette
Aux cheveux plus noirs que le jais,
Avec moi vient à la guinguette,
Belle de ses simples attraits.
Elle n'a ni plumes ni soie :
Ses cheveux roulent sur son sein.
Mais nous vivons tous dans la joie :
On est mieux que dans le satin.

A la cave, vite, la mère !
  Ohé ! la mèr' Cadet,

Verse à flots dans mon verre
Ton petit vin clairet.

A table! joyeux camarades,
Philosophes, gais bohémiens;
Et buvons à pleines rasades
Au ciel qui mûrit les raisins.
Dieu fit le vin.... Chantons sa gloire.
Il est sorti pur du tonneau;
Buvons-le pur, comme Grégoire :
Les méchants seuls sont buveurs d'eau.

A la cave, vite, la mère!
Ohé! la mèr' Cadet,
Verse à flots dans mon verre
Ton petit vin clairet.

Sapristi! voici que ma tête
Pivote déjà sur mon cou.
Tourne moulin!... Eh! qui s'arrête?
Amis, buvons encore un coup.
Quand chaqu' bouteille sera vide
Comme le cœur de nos Phrynés,
Pour payer l'hôtelier perfide,
Nous les briserons sur son nez.

A la cave, vite, la mère!
Ohé! la mèr' Cadet,

Verse à flots dans mon verre
Ton petit vin clairet.

Mais la tonnelle devient sombre,
Et tout bas chuchotte l'amour.
La lune rit à travers l'ombre :
En buvant attendons le jour.
Loin de nous la lueur profane
Des becs de gaz et des fanaux !
Les grands yeux noirs de ma Suzanne
Seront ce soir nos seuls flambeaux.

A la cave, vite, la mère !
 Ohé ! la mèr' Cadet,
 Verse à flots dans mon verre
 Ton petit vin clairet.

LES GIROUETTES

Muet, grand faiseur de phrases,
Aimant le calme et le bruit,
Selon le temps, j'ai mes phases
Comme l'astre de la nuit.
J'ai prôné la République,
Du peuple noble réveil ;

Je sus, en fin politique,
Dormir quand vint le sommeil.

Girouette! girouette!
Au vent qui vient de.... là-bas,
Chiffon, tribun ou grisette,
Tu tournes et tourneras.

Je suis, ne vous en déplaise,
Un homme fort sérieux.
J'ai chanté la *Marseillaise*
Chaudement.... en temps et lieux.
Mais quand varia la brise,
Je sus varier ma voix.
Ne faisons pas de bêtise....
Jusqu'à la prochaine fois.

Girouette! girouette!
Au vent qui vient de.... là-bas,
Chiffon, tribun ou grisette,
Tu tournes et tourneras.

Quand la sanglante avalanche
Des Bourbons tomba sur nous,
Je pris la cocarde blanche
Pour dérouter son courroux.
La cocarde tricolore
Aujourd'hui tient les faveurs.

Je la porte et je m'honore
D'être un de ses défenseurs.

Girouette! girouette!
Au vent qui vient de.... là-bas,
Chiffon, tribun ou grisette,
Tu tournes et tourneras.

Je méprise l'égoïsme
Et la raison des plus forts;
Et pour le socialisme,
J'aurais bravé mille morts....
Sottises!... Du prolétaire
Le sort n'est pas trop heureux;
Mais ne faut il pas sur terre
Des gens riches et des gueux?

Girouette! girouette!
Au vent qui vient de.... là-bas,
Chiffon, tribun ou grisette,
Tu tournes et tourneras.

Mon Dieu! qu'on se trouve bête,
Quand on songe aux errèments
Auxquels la plus forte tête
Est sujette par moments.
L'arbre change de feuillage;
Le serpent change de peau.

Quand tout change, en homme sage,
Devenons homme nouveau.

Girouette! girouette!
Au vent qui vient de.... là-bas,
Chiffon, tribun ou grisette,
Tu tournes et tourneras.

LA CHANSON DE FRANCE

Musique de Célestin Pâquet.

Je suis une des immortelles,
La déesse de la gaîté.
Comme les oiseaux j'ai des ailes:
J'aime l'air et la liberté.
Jeune encor j'ai, sur le Parnasse,
Reçu les baisers d'Apollon
Et, plus grande, à travers l'espace
Emporté les vers de Villon.

Du chansonnier bon drille,
Je suis la bonne fille,
Riez, aimez, filles, garçons,
Au bruit de mes chansons.

Je chantais avec les trouvères
Au foyer des vieux châtelains,
Où je racontais à vos pères
Les exploits des barons chrétiens.
De Vadé j'ai tenu la lyre ;
A Désaugiers, l'épicurien,
J'ai, dans mes moments de délire,
Dicté plus d'un joyeux refrain.

   Du chansonnier bon drille,
    Je suis la bonne fille.
Riez, aimez, filles, garçons,
    Au bruit de mes chansons.

Un jour, jour d'horribles alarmes,
— Alors grandissait Béranger, —
On entendit crier : Aux armes !
La patrie était en danger.
De la République française
Je suivis les jeunes héros
A la gloire où la *Marseillaise*
Guidait le vol de nos drapeaux.

   Du chansonnier bon drille
    Je suis la bonne fille,
Riez, aimez, filles, garçons.
    Au bruit de mes chansons.

J'ai chanté le vin et les belles,
L'amour et les fleurs du printemps,
Quand je trinquais sous les tonnelles
Avec le gros Roger Bontemps.
Buvant avec lui dans son verre,
J'ai, compagne des indigents,
Avec le chantre populaire
Chanté le Dieu des bonnes gens.

 Du chansonnier bon drille,
  Je suis la bonne fille.
Riez, aimez, filles, garçons,
  Au bruit de mes chansons.

Ma voix, qui jadis fit renaître
Les cœurs des peuples endormis,
N'a jamais reconnu de maître
Et ne chanta que mes amis.
J'ai pour rêve, sur cette terre,
De voir un jour l'humanité
Marcher sous la même bannière :
Celle de la fraternité.

 Du chansonnier bon drille,
  Je suis la bonne fille.
Riez, aimez, filles, garçons,
  Au bruit de mes chansons.

ORAISON FUNÈBRE DU ROI D'YVETOT

Air du *Convoi de Turlupin*.

Il vécut toute sa vie
Simple, débonnaire et doux ;
Que sa mémoire chérie
Vive à jamais parmi nous !
Maudissons sa dernière heure ;
   Ah !
Le Ciel trop tôt l'a rappelé.
 Que l'on pleure, pleure, pleure,
 Ce bon petit roitelet !

Quand il monta sur le trône,
Il jura tous ses grands dieux
Qu'il acceptait la couronne
Pour rendre son peuple heureux.
Du dernier gueux du royaume,
   Ah !
Il se croyait l'humble valet....
 Quel brave homme ! quel brave homme !
 Que ce petit roitelet !

Afin que tout pauvre hère
Pût mettre la poule au pot,
Ce n'est qu'aux grands de ta terre
Qu'il faisait payer l'impôt.

—Morbleu! disait ce bon sire,
   Ah!
Comment tondre un agneau pelé?—
 Qu'on admire, qu'on admire
 Ce bon petit roitelet!

Il aima fort l'amourette,
Mais simple, même en amour,
Il préférait la grisette
Aux marquises de sa cour.
Sur son monument funèbre
   Ah!
L'Amour plane tout désolé.
 Qu'on célèbre, qu'on célèbre
 Ce bon petit roitelet!

Pacifique, n'aimant guère
Les combats et tout leur train,
Il ne fit jamais la guerre
Qu'au beau peuple féminin.
De ses victoires, encore,
   Ah!
Nul ne sait le chiffre complet.
 Qu'on honore, qu'on honore
 Ce bon petit roitelet!

Il aimait la populace,
Son gros vin et ses chansons,

Et traitait de paperasse
Les titres de ses barons....
Etant de petite race,
  Ah !
Sans cesse il se le rappelait.
 Que l'on fasse, fasse, fasse
 Comme ce bon roitelet !

Monarque économe et sage,
Quoique buveur et paillard,
Il mourut avec courage
Et sans devoir un liard.
Il régna par la justice....
  Ah !
Pour lui qu'on dise un chapelet.
 Qu'on bénisse, qu'on bénisse
 Ce bon petit roitelet !

De longtemps, sur cette terre,
Son pareil on ne verra.
Du peuple il était le père ;
Le peuple aussi le pleura.
Chacun au jour de sa fête,
  Ah !
Vient baiser son crâne fêlé.
 Qu'on regrette, qu'on regrette
 Ce bon petit roitelet !

LE CURÉ DE CHEZ NOUS

Un jour, je le connus à table
Dans un dîner de francs garçons.
C'est un compagnon fort aimable,
Un viveur à bonnes façons.
En le voyant vider son verre
Et trinquer avec nos amis;
Je lui tendis la main en frère,
Et, sans plus tarder, je lui dis :

Le curé de chez nous, morbleu !
    Sacrebleu !
Est un bon curé comme on en voit peu.
  Il aime fort sage fillette,
    Longue table et vieux vin;
Et ne craint pas, quand il est en goguette,
    De chanter son refrain.

Il était gai comme une nonne
Qui sourit à la liberté,
Et portait de sa voix si bonne
Un toast à la fraternité.
Au dessert, battant la campagne,
Il exorcisait l'étranger;
Puis il nous chantait, au champagne,
Quatre couplets de Béranger.

Le curé de chez nous, morbleu!
Sacrebleu!
Est un bon curé comme on en voit peu.
Des braves enfants de la France
Il bénit les succès,
Et ne craint pas d'aimer l'indépendance
Comme tout vrai Français! *

Dans ses prônes, notre vicaire
Tempête comme un furieux ;
Le curé, quand il monte en chaire
Parle moins fort, mais parle mieux.
Le vicaire tous nous menace
Du purgatoire et du démon ;
Mais le curé nous promet grâce :
— Dieu, mes enfants, est doux et bon.

Le curé de chez nous, morbleu!
Sacrebleu!
Est un bon curé comme on en voit peu :
— Il faut, dit-il, que l'on profite
De la vie et du temps ;
Qui vécut bien trouve toujours un gîte
Au ciel des bonnes gens.

Un soir que j'errais dans la plaine
Près d'un bourg aux toits délabrés,

* Cette chanson a été composée lors de la guerre d'Italie.

Je le vis caché sous un chêne,
Fuyant les regards indiscrets :
C'est qu'il sortait d'une chaumière
Où souffre plus d'un indigent
Et venait d'offrir à son frère
Sa dernière pièce d'argent.

Le curé de chez nous, morbleu!
    Sacrebleu!
Est un bon curé comme on en voit peu.
  Il dit que le pauvre qui pleure
    Est comme lui chrétien.
Son humble main fait l'aumône à toute heure :
    C'est un homme de bien!

LES LARMES DU POÈTE

Seul et rêveur dans ma triste mansarde,
Lorsque l'ennui vient assombrir mon front,
J'appelle à moi l'ange bon qui me garde :
C'est lui qui chante et j'écris la chanson.
Partez mes vers et déployez vos ailes,
Jeunes encor fuyez mon humble toit.
Suivez le vol des noires hirondelles :
Montez au ciel et priez Dieu pour moi.

Loin du foyer où vécut mon enfance,
Où je connus le seul bonheur réel,
Pour tout trésor je n'ai que l'espérance
Que Dieu grava dans le cœur du mortel.
Petits enfants, heureux près de vos mères,
Ne quittez pas votre paisible toit.
Chantez mes vers et puis, dans vos prières,
N'oubliez pas de prier Dieu pour moi.

L'orage gronde et le pauvre poète,
Comme l'oiseau, chante et cherche son pain,
Et, s'il ne sait où reposer sa tête,
Il va mourir sous la croix du chemin.
Vous le savez, mes amis, tout succombe.
Pour le tombeau si je quitte mon toit,
Ne pleurez pas, mais venez sur ma tombe
Jeter des fleurs et prier Dieu pour moi.

LE SENTIMENT

Jeanne est blanche comme le lait;
Elle est noire comme l'ébène.
Légère comme un feu follet,
Elle a la voix d'une sirène.

Ses yeux mollement langoureux,
Sa large prunelle agitée
Sous sa paupière veloutée
Brillent comme un regard des cieux.

Ce n'est pas ma faute, vraiment,
Si Jeanne a perdu l'innocence.
A qui s'en prendre? mais, j'y pense,
Prenez vous en au sentiment.

Humant la brise un beau matin,
Quand l'aube venait de paraître,
Je vis la belle à l'œil mutin
Penchée au bord de sa fenêtre.
Sa tête au sourire moqueur
Se jouait au milieu des roses,
Comme elle fraîchement écloses,
Qu'elle nourrit en bonne sœur.

Ce n'est pas ma faute, vraiment,
Si Jeanne a perdu l'innocence.
A qui s'en prendre? Mais, j'y pense,
Prenez vous en au sentiment.

Je lui fis part de mon amour;
Elle répondit à ma flamme,
Et mon âme, à la fin du jour,
Signait un pacte avec son âme.

Quand, du haut du mont chevelu,
La nuit descendit sur la terre,
Dans un bosquet, profond mystère,
Ma main caressait son sein nu.

Ce n'est pas ma faute, vraiment,
Si Jeanne a perdu l'innocence.
A qui s'en prendre? Mais, j'y pense,
Prenez vous en au sentiment.

UN COUP DE BALAI

Salut au beau fashionnable,
Le petit maître d'aujourd'hui!
Dans sa tenue irréprochable,
Qu'il est coquet! qu'il est joli!
C'est un gandin. — Il a pour père
Un paysan de Bagnolet.
Dieu du ciel! qu'il fait de poussière!
   Balayeur, s'il vous plaît,
      S'il vous plaît,
  Un petit coup de balai.

Du brave homme il est fils unique.
Il a de bons écus, morbleu!

Et, pour paraître magnifique,
Il faut se ruiner un peu.
Pour faire un trou dans sa fortune,
Il suffira d'un beau mollet
Séduit, un soir, au clair de lune.
 Balayeur, s'il vous plaît,
  S'il vous plaît,
Un petit coup de balai.

Eh! voyez donc passer cet autre
Avec son gros lorgnon sur l'œil :
Du plaisir, c'est le saint apôtre.
D'un vieil oncle il porte le deuil.
Il promène son héritage
Tout le jour en cabriolet.
Chacun le salue au passage.
 Balayeur, s'il vous plaît,
  S'il vous plaît,
Un petit coup de balai.

Autour de lui l'amitié rôde
Avec son masque de velours.
Partisan zélé de la mode
Il vole d'amours en amours.
Des lorettes les plus huppées,
Il est chéri quoique fort laid.
Ses pièces sont si bien frappées!...

Balayeur, s'il vous plaît,
S'il vous plaît,
Un petit coup de balai.

Mais voici venir tête haute,
Peignant ses épais favoris,
Perles aux doigts, habit sans faute,
Le seul vrai lion de Paris.
Son aïeul, jadis, aux croisades,
Dit-il, le premier est allé.
Il éblouit.... par ses bravades.
Balayeur, s'il vous plaît,
S'il vous plaît,
Un petit coup de balai.

C'est le marquis de contrebande :
Il montre à chacun son blason ;
A chacun, sans qu'on le demande,
Il dit les faits de sa maison.
Il a châteaux en Normandie.
Il avait.... mais on l'a volé,
Trois domaines en Picardie.
Balayeur, s'il vous plaît,
S'il vous plaît,
Un petit coup de balai.

Du reste, il fait fort bien les choses,

Ce fils des anciens chevaliers.
Tous ses jours sont semés de roses
Et ses salons.... de créanciers.
Il va recruter ses maîtresses
Parmi les filles de ballet,
De notre temps seules duchesses.
 Balayeur, s'il vous plaît,
  S'il vous plaît,
 Un petit coup de balai.

Voyez là-bas Phryné qui passe :
Elle court à la chasse aux daims,
Exhibant sa jambe avec grâce
Aux yeux avides des gandins.
Quatre couches de poudres fines
Plaquent son visage grelé.
Sa mère a ciré ses bottines....
 Balayeur, s'il vous plaît,
  S'il vous plaît,
 Un petit coup de balai.

Voilà le boursier magnifique,
Aussi ventru que son trésor.
On voit sur sa face cynique
Le reflet de ses pièces d'or.
Mais, taisons-nous.... car maître Pierre
A le bras long, et, s'il voulait,

Il nous ferait rentrer sous terre.
Balayeur, s'il vous plaît,
S'il vous plaît,
Un petit coup de balai.

LA MISÈRE

— Pouah ! s'écrie avec dégoût,
En voyant passer dans la rue
La Misère sinistre et nue,
Perrin-Gandin, roi du bon goût.
Mis avec suprême élégance,
Il a lorgnon sur les deux yeux
Et regarde avec arrogance
Défiler la foule des gueux.

Sots et méchants, foule stupide,
Passez, passez, le front moqueur.
L'égoïsme sordide
Seul emplit votre cœur.
Nous qui sommes des indigents,
Pour les gueux soyons indulgents.

Du ciel enfants déshérités,
Vivant dans leur tanière immonde,
Ignorant tout, ils n'ont du monde
Jamais connu les voluptés.
Ils n'ont pour égayer leur vie
Que le refrain d'une chanson.
Pour eux il n'est pas de patrie
Ni de soleil à l'horizon.

Sots et méchants, foule stupide,
Passez, passez le front moqueur.
   L'égoïsme sordide
    Seul emplit votre cœur.
Nous qui sommes des indigents,
Pour les gueux soyons indulgents.

Pour gagner un salaire vain,
Il faut travailler sans relâche;
Le pain est au bout de la tâche
Et leurs enfants souvent ont faim.
Le besoin est là qui les guette :
Vivre pour souffrir, c'est leur sort.
Pour eux il n'est trêve ni fête,
Si ce n'est au jour de la mort.

Sots et méchants, foule stupide,
Passez, passez le front moqueur.

   L'égoïsme sordide
     Seul emplit votre cœur.
Nous qui sommes des indigents,
Pour les gueux soyons indulgents.

La Faim, assise sur leur seuil
En ricanant sous ses guenilles,
Tente et vend l'honneur de leurs filles :
La faim de l'honneur est l'écueil.
En vain, sur cette sombre terre
Du progrès brille la lueur :
La Débauche sur la Misère
Lève encor le droit du seigneur.

Sots et méchants, foule stupide,
Passez, passez le front moqueur.
   L'égoïsme sordide
    Seul emplit votre cœur.
Nous qui sommes des indigents,
Pour les gueux soyons indulgents.

Du haut du ciel, Dieu qui les voit
Seul avec pitié les contemple.
Ils ont les voûtes de son temple
Pour s'abriter lorsqu'il fait froid.
Et, quand, rongés par l'infortune,
Mourant, ils cessent de gémir,

Ils ont, dans la fosse commune,
Un lit de terre pour dormir.

Sots et méchants, foule stupide,
Passez, passez le front moqueur.
L'égoïsme sordide,
Seul emplit votre cœur.
Nous qui sommes des indigents,
Pour les gueux, soyons indulgents.

PÈRE ET PARRAIN

Monsieur Bastien, à soixante ans,
Vient d'épouser femme gentille
Dont l'œil où le désir pétille
A peine a vu dix-huit printemps.
Déjà vous plaignez la pauvrette.
Consolez-vous, car du mari
Un neveu, de beauté parfaite,
Dans la maison loge en garni.

Ah! mon pauvre monsieur Bastien,
Foi de chrétien
Je vous plains bien.
Ah! mon pauvre monsieur Bastien.

Après neuf mois de conjungo,
Digne fille de la Bourgogne,
L'épouse allant vite en besogne
Lui donne un gras et gros marmot.
Le brave Bastien, tout en joie,
Fou de bonheur, crie en tout lieu :
— L'enfant que le ciel nous envoie
Ressemble fort à mon neveu! —

Ah! mon pauvre monsieur Bastien,
 Foi de chrétien,
 Je vous plains bien.
Ah! mon pauvre monsieur Bastien!

Truffes, primeurs, gibier, ragoûts
Ont rendez-vous à la cuisine;
Des cuisiniers à pâle mine
Mettent tout sens dessus dessous.
Eh! parbleu! ne nous gênons guère,
Monsieur Floridor, le neveu,
Met en perce un beaune-première.
C'est l'oncle qui paie... eh! morbleu!

Ah! mon pauvre monsieur Bastien,
 Foi de chrétien,
 Je vous plains bien.
Ah! mon pauvre monsieur Bastien!

Tous les bons amis d'alentour
Sont conviés à ce baptême.
— Chers voisins, un bonheur extrême,
Dit Bastien, m'arrive en ce jour.—
Au neveu, parrain du mioche,
Chacun sourit et, poliment,
Sans crainte de faire brioche
Va réciter son compliment.

Ah! mon pauvre monsieur Bastien,
   Foi de chrétien,
   Je vous plains bien.
Ah! mon pauvre monsieur Bastien!

En attendant le grand festin,
On court à l'église bien vite
Ondoyer avec l'eau bénite
Le vrai fils de monsieur Bastien.
Le mauvais plaisant de vicaire
A la vérité ne croit pas,
Mêle un sourire à sa prière,
Et, l'œil au ciel, chante tout bas:

Ah! mon pauvre monsieur Bastien,
   Foi de chrétien,
   Je vous plains bien.
Ah! mon pauvre monsieur Bastien!

Monsieur Lesage au p'tit Lucas
Porte un toast en vidant son verre.
— Enfant, je suis ton second père, —
Dit le parrain, ouvrant les bras.
— Ah! du moins, lui répond Lesage!
A Bastien laissez cet emploi :
C'est bien le moins qu'en son ménage
Il soit ministre s'il n'est roi!

Mais le pauvre monsieur Bastien
  En bon chrétien,
  Ne croit qu'au bien
Et, vrai, ne se doute de rien.

LA LIVRÉE

V'là l'carnaval qui commence :
Nous allons ce soir au bal.
J'aim' le plaisir et la danse;
Je vais m'en payer pas' mal.
Vite, ma Lise adorée,
Donne-moi ce bel habit.
— Quoi! tu ris?... Une livrée?...
Mais, c'est la mode aujourd'hui.

Aux jours où l'on se déguise,
Cherchant l'excentricité,
Chacun s'habille à sa guise.
Moi, j'aime la vérité.
Je veux une mise vraie,
Même au plus fou bal de nuit;
Et je prends une livrée,
Car c'est la mode aujourd'hui.

Tu vois en cett' longue veste
Le miroir de la splendeur....
— Toi, danseuse vive et leste,
Mets ton joli débardeur.
On saluera notre entrée....
Mais, vois donc, démon chéri,
Comme on est bien en livrée!
Puis, c'est la mode aujourd'hui.

Voilà qu'on frappe à la porte.
Ouvre. Tiens, c'est l'grand Machin.
L'ami, comment que l'on s' porte?
Mon Dieu! le bel arlequin!
La belle étoffe moirée!
Ton costume, cher ami,
Aussi bien que la livrée
Est fort de mode aujourd'hui.

Ah! voici qu'encore on monte.
Jule, en Mazaniello!
Eh! mon cher, n'as-tu pas honte?
Mets donc ces frusques à l'eau.
Par la gent bien inspirée
Ce vieux bonnet est proscrit.
Prends plutôt une livrée,
C'est la mode d'aujourd'hui.

. . . .

Or, au bal nous arrivâmes.
Autour de moi l'on disait :
— Mais, pourquoi donc, monsieur James
Ne s'est-il pas déguisé?
— Pour lui la mode est sacrée,
Toujours en sage il la suit.
Il a raison. — La livrée
Est la mode d'aujourd'hui.

A MADEMOISELLE SUZANNE D.

LE SOUPER DE SUZON

Bonsoir, charmante Suzon.
Je te retrouve joyeuse :
Ta joue est fraîche et rieuse
Comme un fruit de la saison.
Je viens, ma bonne grisette,
Tout simplement pour te voir
Et, dans ta chère chambrette,
Souper avec toi ce soir.

De mes premières caresses,
De nos premières ivresses,
Bel ange, te souviens-tu ?
Pour le chansonnier qui t'aime,
Ton cœur est-il bien le même ?
M'aimes-tu, dis, m'aimes-tu ?

Combien nous fûmes heureux !
T'en souvient-il, bien-aimée ?
Quand de ta lèvre enflammée
Tombèrent les doux aveux.

— Je crois te voir, ô ma reine! —
Ta prunelle de velours
De voluptés était pleine
Comme le nid des amours.

De mes premières caresses,
De nos premières ivresses,
Bel ange, te souviens-tu?
Pour le chansonnier qui t'aime,
Ton cœur est-il bien le même?
M'aimes-tu, dis, m'aimes-tu?

Près de toi j'étais ému,
Tu tremblais et l'onde pure
De ta brune chevelure
Frémissait sur ton sein nu.
Comme ce soir, ma gentille,
Ce vin vieux, qui sous ma main
Coule à flots d'or et pétille,
Versait l'amour dans ton sein.

De mes premières caresses,
De nos premières ivresses,
Bel ange, te souviens-tu?
Pour le chansonnier qui t'aime,
Ton cœur est-il bien le même?
M'aimes-tu, dis, m'aimes-tu?

Suppliant, à tes genoux,
J'avais ma main dans la tienne,
Et ma voix, parlant à peine,
Te demandait : M'aimez-vous ?
Mais toi de l'amour, fillette,
Ignorant les doux plaisirs,
Tu me regardais muette,
L'œil humide de désirs.

De mes premières caresses,
De nos premières ivresses,
Bel ange, te souviens-tu ?
Pour le chansonnier qui t'aime,
Ton cœur est-il bien le même ?
M'aimes-tu, dis, m'aimes-tu ?

Comme ce soir, le bonheur
Au cœur m'avait mis la fièvre,
Et ma bouche sur ta lèvre
Se collait avec ardeur.
Ah ! quel céleste sourire,
Enfant, tu jetas sur moi,
Quand folle, dans ton délire,
Tu crias : Je suis à toi !

De mes premières caresses,
De nos premières ivresses,

Bel ange, te souviens-tu ?
Pour le chansonnier qui t'aime,
Ton cœur est-il bien le même ?
M'aimes-tu, dis, m'aimes-tu ?

Mais, tes regards sont brûlants ;
Tes langoureuses prunelles,
En lançant des étincelles,
Se tournent vers les draps blancs.
Ta gorge blanche palpite
Sous ton corsage entr'ouvert....
Ma Suzon, dépêchons vite,
Vite passons au dessert !

De mes premières caresses,
De nos premières ivresses,
Bel ange, te souviens-tu ?
Pour le chansonnier qui t'aime,
Ton cœur est-il bien le même ?
M'aimes-tu, dis, m'aimes-tu ?

JEAN-PIERRE

VIEILLE COMPLAINTE

Jean-Pierre est dangereux au pis,
Car, par le garde du village,
Hier, dit-on, il fut surpris
En franc délit de braconnage.

Allons, Jean-Pierre, mon garçon,
La loi le veut : vite en prison.

Jean-Pierre, en pleurant, crie en vain
Qu'il n'est point un malhonnête homme.
— Parbleu ! c'est l'éternel refrain
Des voleurs, de Pékin à Rome.

Allons, Jean-Pierre, mon garçon,
La loi le veut, vite en prison.

Qui dit braconnier, dit filou,
Car tel qui tire une bécasse
Pourrait fort bien voler un chou,
Même tuer un garde-chasse.

Allons, Jean-Pierre, mon garçon,
La loi le veut : vite en prison.

— De ma femme il faut prendre soin.
Elle est en couches, dit Jean-Pierre;
De moi mes enfants ont besoin.....
Ayez pitié de ma misère.

Allons, Jean-Pierre, mon garçon,
La loi le veut : vite, en prison.

A voir mes fils mourir de faim,
Messieurs, pouvais-je me résoudre ?
— Il fallait acheter du pain
Au lieu d'acheter de la poudre.

Allons, Jean-Pierre, mon garçon,
La loi le veut : vite en prison.

Et surtout vous êtes suspect
Pour avoir menacé le garde,
— C'est dans son rapport,— sans respect
Pour son titre et pour sa cocarde.

Allons, Jean-Pierre, mon garçon,
La loi le veut : vite en prison.

. . . .

Adieu ! femme, enfants et vous tous....
Aux lois il faut qu'on obéisse.
Et Jean-Pierre sous les verrous
Attend l'arrêt de la justice.

Allons, Jean-Pierre, mon garçon,
La loi le veut : vite en prison.

Après bien des jours de douleurs,
D'ennui, loin de sa pauvre femme,
On le fait, entre deux voleurs,
Asseoir sur la sellette infâme.

Allons, Jean-Pierre, mon garçon,
La loi le veut : vite en prison.

L'honnête garde avait menti,
— Sans doute par excès de zèle. —
On fait à Jean-Pierre ébahi
Réparation solennelle.

Jean-Pierre est honnête garçon,
Et pour lui n'est pas la prison.

Paix au juste ! peine aux méfaits !
Du dénouement de cette affaire
Les juges sont fort satisfaits....
Mais le bon garde ne l'est guère.

Jean-Pierre est honnête garçon,
Et pour lui n'est pas la prison.

Libre enfin, le bon villageois
Prend le chemin de sa chaumière
Où l'attendent, depuis deux mois,
Ses pauvres enfants et leur mère.

Jean-Pierre est honnête garçon,
Et pour lui n'est pas la prison.

Il arrive et pâlit soudain....
Il a vu, du seuil de sa porte,
Ses petits enfants morts de faim
Près du lit de leur mère morte.

Jean-Pierre est honnête garçon,
Et pour lui n'est pas la prison.

N' VOUS DÉRANGEZ PAS
POUR SI PEU

Comm' je r'venais de la campagne,
L'autre jour, en rentrant chez moi,
Je trouve auprès de ma compagne
Un quidam sous mon propre toit.
Ce m'sieur, gêné par ma présence,
Soudain d' frayeur devint tout bleu.
J' lui dis avec un' révérence :
N' vous dérangez pas pour si peu.

Pour être heureux en ce bas monde
Il ne faut s'émouvoir de rien.
Qu'il fasse chaud, que le vent gronde,
Etre calme est d'un bon chrétien.
Etes-vous trompé par vos belles?
Fermez-les yeux. — Eh! palsembleu!
C'est si commun, les infidèles!
N' vous dérangez pas pour si peu.

L'insouciance est bonne reine
Et la servir est de bon goût.
A quoi bon prendre de la peine
Quand ça n' rapporte rien du tout.

La maison d'votre voisin brûle....
Restez au coin de votre feu;
A Paris l'bâtiment pullule :
N' vous dérangez pas pour si peu.

Pour voir des lions —pauvres bêtes!—
Féroc's comm' ceux du boul'vard d'Gand,
Au cirque où l'on montr' leurs trompettes
On accourt en se bousculant.
Que l'Polonais d'mande à ses frères
Un coup d'main pour l'amour de Dieu;
Laissez l'débrouiller ses affaires :
N' vous dérangez pas pour si peu.

L'ANCIEN RÉGIME

Dans ce monde comme tout passe :
Hommes et fleurs, gloires, amours!
Tout fuit comme un morceau de glace
Qu'un torrent entraîne en son cours.
Dans les ténèbres tout s'abîme;
Mais de revivre on a l'espoir.
Bonnes gens de l'ancien régime,
  Au plaisir de vous revoir!

Barons, où sont vos hommes d'armes,
Vos châteaux aux crénaux altiers
Où l'orgie étouffait les larmes?
Où sont-ils ces sombres moustiers
Où les moines buvaient la dîme
Qu'ils savaient si bien percevoir?
Bonnes gens de l'ancien régime,
 Au plaisir de vous revoir !

Le bon temps, prêtres fanatiques,
Où la sainte Inquisition
Brûlait les juifs, les hérétiques,
Au nom de la religion !
Ta voix, ô Charité sublime,
Effrayait ce sanglant pouvoir....
Bonnes gens de l'ancien régime,
 Au plaisir de vous revoir !

O le bon temps de la Bastille,
Des potences et des vilains,
Où moissons, homme et jeune fille
Appartenaient aux châtelains !
Alors, le sceptre était au crime....
A l'innocent le cachot noir.
Bonnes gens de l'ancien régime,
 Au plaisir de vous revoir.

Jours de bonheur et de liesses
Qu'à jamais on regrettera!
Les abbés avaient pour maîtresses
Les danseuses de l'Opéra.
On tenait, lors, en même estime
L'autel et le galant boudoir.
Bonnes gens de l'ancien régime,
  Au plaisir de vous revoir!

Manoirs, donjons et cachots sombres,
Tyrans, un jour l'humanité
Vit se lever sur vos décombres
Le soleil de la liberté.
Le peuple, trop longtemps victime,
Pour triompher n'eut qu'à vouloir....
Bonnes gens de l'ancien régime,
  Au plaisir de vous revoir!

LA DEVISE DU CIEL

Quand Dieu les jeta sur la terre,
Il dit aux hommes : Aimez-vous.
Aimez-vous, dit le divin frère,
Jésus, lorsqu'il vint parmi nous.
Honte à la haine, à l'égoïsme !
Ouvrons nos cœurs à l'amitié.
Elle est la sœur de l'héroïsme ;
Elle est fille de la pitié.

Ce que Dieu dit aux apôtres,
Il le dit à tout mortel :
Aimez-vous les uns les autres,
C'est la devise du Ciel.

Ici-bas, riches, misérables,
Bien différent est votre sort.
Mais tous sont égaux et semblables
Quand frappe la faulx de la mort.
De cette sombre et triste vie
Pour franchir le rude chemin,
Enfants d'une même patrie
Marchez en vous donnant la main.

Ce que Dieu dit aux apôtres,
Il le dit à tout mortel :
Aimez-vous les uns les autres,
C'est la devise du Ciel.

Au milieu de la nuit horrible
Entendez mugir l'ouragan,
Mêlant son sifflment terrible
Aux grondements de l'Océan....
Mais au navire qui s'égare
Sur le gouffre rempli d'horreur
La Charité, du haut du phare,
Jette un signal libérateur.

Ce que Dieu dit aux apôtres,
Il le dit à tout mortel :
Aimez-vous les uns les autres,
C'est la devise du Ciel.

Le canon tonne. On va se battre.
Des combattants j'entends la voix.
Un peuple opprimé va combattre....
C'est pour reconquérir ses droits.
Le faible, au nom de la justice,
Est écrasé par le puissant ;
Et le pied de la raison glisse
Sur la terre rouge de sang.

Ce que Dieu dit aux apôtres,
Il le dit à tout mortel :
Aimez-vous les uns les autres,
C'est la devise du Ciel.

Hélas! une même poussière
De tous doit recouvrir les os.
Pourquoi ne pas sur cette terre
Marcher sous les mêmes drapeaux!
La haine et ses pâles cohortes.
N'engendrent que d'affreux forfaits.
O nations! ouvrez vos portes
Quand passe l'ange de la paix.

Ce que Dieu dit aux apôtres,
Il le dit à tout mortel :
Aimez-vous les uns les autres,
C'est la devise du Ciel.

Puisses-tu voir, race future,
Le progrès, écrasant du pied
Des rois l'ambition impure,
Donner le sceptre à l'amitié,
Et les peuples dressant, en fête,
Un temple à la Fraternité,
Marcher ensemble à la conquête
De l'éternelle liberté !

Ce que Dieu dit aux apôtres,
Il le dit à tout mortel :
Aimez-vous les uns les autres,
C'est la devise du Ciel.

HISTOIRE D'UN CABARET

On ne saurait payer trop cher
Une vieille et bonne bouteille
Au cabaret jadis ouvert
Par la mère Jeanne Corneille.
Il a pour antique blason
Un fort beau jambon de Bayonne,
Et l'on y boit du vin de Beaune
Qui vous rend gai comme un pinson.

Ohé ! manants et gandins,
Filles, poètes, rapins,
Au cabaret, à la ronde,
Venez noyer vos chagrins.
Hors d'ici tout est misère....
L'amour lui-même est trompeur.
    Au fond du verre
    Est le bonheur !

La mère Corneille n'est plus ;
Mais son cabaret vit encore.
Temple des buveurs chevelus,
Vieux monument, ça, qu'on l'honore !
Car, près de son âtre enfumé,
Les francs buveurs, troupe fort digne,
Adorent un cep de la vigne
Dont le jus énivra Noé.

 Ohé ! truands et gandins,
 Filles, poètes, rapins,
 Au cabaret, à la ronde,
 Venez noyer vos chagrins.
 Hors d'ici tout est misère….
 L'amour lui-même est trompeur.
  Au fond du verre
  Est le bonheur !

De ce temple de la gaité,
Que, sans honte, chacun approche,
Car sa noblesse, en vérité,
Est noblesse de vieille roche.
Le galant et beau Richelieu
Y faisant ses premières armes,
De ses flacons séchait les larmes,
Filles des cieux, larmes de feu !

Ohé! truands et gandins,
Filles, poètes, rapins,
Au cabaret, à la ronde,
Venez noyer vos chagrins.
Hors d'ici tout est misère....
L'amour lui-même est trompeur.
   Au fond du verre
   Est le bonheur!

Plus d'un riche et pauvre écolier,
Trahi par sa folle maîtresse,
Pour se guérir et l'oublier
Y vint gaîment chercher l'ivresse.
Plus d'un petit abbé dévôt,
Avec grande dame galante,
En secret, à la nuit tombante,
Y vint mettre la poule au pot.

Ohé! truands et gandins,
Filles, poètes, rapins,
Au cabaret, à la ronde,
Venez noyer vos chagrins.
Hors d'ici tout est misère....
L'amour lui-même est trompeur.
   Au fond du verre
   Est le bonheur!

Bien souvent, bon vieux cabaret,
Il entendit chanter nos gloires
Quand la République attérait
Le monde entier par ses victoires.
Et, quand le superbe étranger
Vint souiller le sol de la France,
Les chants sacrés d'indépendance
Montaient au ciel, de son foyer.

 Ohé! truands et gandins,
 Filles, poètes, rapins,
 Au cabaret, à la ronde,
 Venez noyer vos chagrins.
 Hors d'ici tout est misère....
 L'amour lui-même est trompeur.
  Au fond du verre
  Est le bonheur!

Gais bohèmes aux longs cheveux,
Brunes à la prunelle noire,
Autour de son foyer joyeux
Maintenant viennent rire et boire.
On y rit la nuit et le jour;
Et sous sa treille, doux mystère,
Les amants dans le même verre
Boivent et l'ivresse et l'amour.

Ohé! truands et gandins,
Filles, poètes, rapins,
Au cabaret, à la ronde,
Venez noyer vos chagrins.
Hors d'ici tout est misère....
L'amour lui-même est trompeur.
   Au fond du verre
   Est le bonheur!

Ah! si Béranger l'eût connu,
Le divin chansonnier, sans doute,
Avec Lisette y fut venu
Aimer, rire et boire une goutte.
S'il savait comme est bon son vin,
Plus chaud qu'une pelisse russe,
Pour en goûter le roi de Prusse
Viendrait tout exprès de Berlin.

Ohé! truands et gandins,
Filles, poètes, rapins,
Au cabaret, à la ronde,
Venez noyer vos chagrins.
Hors d'ici tout est misère....
L'amour lui-même est trompeur.
   Au fond du verre
   Est le bonheur!

LA TOILE OU MES QUATRE SOUS

IMPATIENCE DE JEAN GRAND-TITI
A LA PREMIÈRE DES SEPT MERVEILLES DU MONDE

—

Holà! vous n' vous gênez guère :
V'là qu'on commence à bâiller.
Vous fichez-vous du parterre
Et des gens du poulailler?
Si longtemps nous faire attendre,
C'est trop se moquer de nous.
Encore un peu.... j' vas descendre.
La toile, ou mes quatre sous!

Par des affich's sans pareilles
M'sieu l' régisseur nous promet
Surprises, monts et merveilles....
Et v'là que rien ne paraît.
Vous d'vriez comprendre sans peine
Que d'voir ça nous brûlons tous.
Holà! qu'on nous serv' la scène!
La toile ou mes quatre sous!

Ce n'est qu' sur votre parole
Qu'ici nous somm's tous venus.

Y n' faut donc pas qu'on nous vole,
Sans ça nous n' vous croirons plus.
On n' gagne rien, mes bonshommes,
A tromper l' mond', savez-vous!...
Qu'on commence... ou gar' les pommes.
La toile ou mes quatre sous!

Pour nous fair' prendr' patience,
Votre orchestr', qu'est point pressé,
Nous joue un air d' contredanse
Qu' l'affich' n'a pas annoncé.
Assez comm' ça de musique;
Pour nos nerfs c'est un peu doux.
Nous voulons la pièc' magique :
La toile, ou mes quatre sous!

L' plus souvent qu' dans votr' barraque
Pour m'embêter, j' reviendrai!
Mais chut! enfants, v'là la claque
Qui fait son dernier apprêt.
On réclame le silence;
On va frapper les trois coups.
Du flan!... l'orchestr' recommence.
La toile ou mes quatre sous!

Pour me prier de me taire,
Monsieur le municipal,

Vous m'fixez d'un œil sévère ;
Parbleu ! ça m'est bien égal.
J' crois avoir payé ma place,
J'ai c'tte excus' de plus que vous....
Hé ! les cabotins d'en face,
La toile ou mes quatre sous !

A mes parol's on riposte ;
On m'empoigne... Oh! l'gros butor !
Voilà qu'on me mène au poste.
Sur ma foi, c'est un peu fort !
J' veux qu'on m'serve quand je paie
Et l'on m'fourr' sous les verrous.
Au moins, qu'on m'rend' ma monnaie.
La toile ou mes quatre sous !

LE CRÉTIN

Air : *Mariez-vous donc.*

Enfermé dans ma redingotte
Faite de drap noir de Sedan,
Tout le jour je flâne et barbotte
Dans la boue et le macadam.
Tout est pour moi chose nouvelle :
L'obélisque et le vieux bouquin.
Du boulevard à la ruelle,
    J'erre en crétin.

Tout m'amuse et me plait bien vite :
Je suis enfant quoique barbon.
Chacun au quartier que j'habite
Connaît mon habit et mon nom ;
Et du moment où je m'éveille
J'entends partout, sur mon chemin,
Ces mots vibrer à mon oreille :
    C'est un crétin !

Cette épithète-là m'étonne ;
Je ne vois pas en quoi ce mot
Peut s'appliquer à ma personne.
Un crétin, je crois, est un sot.

Or mon voisin, qui n'est point bête,
Me disait encor ce matin :
— Vous avez une bonne tête. —
 Je suis crétin.

En tout, surtout en politique,
Je suis de l'avis de chacun :
Chaud papiste en bon catholique,
Et libéral comme pas un.
Je suis, selon la circonstance,
Royaliste ou républicain.
Quand mon voisin danse, je danse.
 Je suis crétin.

Peu m'importe que la Pologne
Soit triomphante et libre, ou non.
La guerre est bien rude besogne
Et j'ai grande peur du canon.
Pour le plus grand bien de la terre,
Ce bon peuple, j'en suis certain,
Sans moi se tirera d'affaire.
 Je suis crétin.

Tout est au mieux dans mon ménage ;
Celle à qui je donnai ma foi
Au jour béni du mariage,
Jeune et jolie, y fait la loi.

Pour le bain, dès que l'aube est née,
Rosine part chaque matin.
Je dors la grasse matinée..
    Je suis crétin.

Très crédule, bonne nature;
De rien je n'ai jamais douté.
Je crois toute intention pure
Et je crois à la liberté.
A tout homme qui sait sourire
En ami je serre la main;
Trop d'amitié ne saurait nuire.
    Je suis crétin.

Renommé pour ma patience,
Devant l'insulte je suis doux.
Je ne comprends pas la science.
Enfin, je ne suis pas jaloux :
Je ferme les yeux quand ma femme
Embrasse notre beau cousin.
Où donc est le mal? sur mon âme!
    Je suis crétin.

LE PÈLERIN

Voyez ma détresse et ma peine.
En l'absence du châtelain,
 Ouvrez, noble châtelaine,
 Votre porte au pèlerin.
Las et brisé par la diète,
J'ai soif, j'ai grand faim et j'ai froid ;
Donnez abri sous votre toit
 A ma pauvre binette.

Je viens d'un long pèlerinage
Sur des rivages inconnus,
 Et j'ai fait ce long voyage
 Sans chemise et les pieds nus.
Enfin, ma pénitence est faite,
Et j'ai grand besoin de repos.
Voyez la trace de mes maux
 Sur ma pauvre binette.

Plus que moi la fatigue est forte
Et je ne puis plus faire un pas.
 O dame ! si votre porte
 Devant moi ne s'ouvre pas,

Ah! que, du moins, votre main jette,
Pour en chausser mes pauvres pieds,
Une paire de vieux souliers
   A ma pauvre binette.

Que mon infortune vous touche!
Donnez-moi l'hospitalité.
  Et Dieu saura par ma bouche
  Bénir votre charité.
Partout ailleurs où je m'arrête
En vain je mendie en passant
Quelque chose d'appétissant
   Pour ma pauvre binette.

Aussi je marche tête basse,
Moi qui, joli comme Amadis,
  Pour ma tête et pour ma grâce
  Etais renommé jadis.
Mais, si ma face est maigrelette,
Quelques mets offerts de bon cœur
Rendraient bien vite sa rondeur
   A ma pauvre binette.

Au pèlerin, la châtelaine,
Qui sentait s'émouvoir son cœur,
  Ouvrit la porte de chêne.
  Mais, voyez-vous l'imposteur!...

Arrachant soudain de sa tête
Barbe et perruque, il laissa voir
A la maîtresse du manoir
  Une jeune binette.

Hélas! le reste se devine....
Pendant ce temps le châtelain
  Guerroyait en Palestine
  Contre le fier Sarrazin.
De la leçon, jeunes fillettes,
Profitez, si cela vous plait,
Et fermez vos portes à clé
  Pour les vieilles binettes.

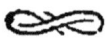

LE ROI DE CARPENTRAS

A Carpentras, aux temps antiques,
Régnait un gentil roitelet :
Gros, gras et des moins despotiques,
Très aimable, quoique fort laid.
Ce roi, dont le pays s'honore,
Préférait la soie à l'airain ;
Et tout le jour sa voix sonore
Répétait ce sage refrain.

Foin des combats et de la gloire !
Ici-bas tout est bête et vain.
Louange au Dieu qui fit le vin !
  Honneur à qui sait le boire !

L'air à la fois bonasse et grave,
Paresseux comme un écolier,
Ce bon roi portait à sa cave
Un intérêt particulier.
Sous ses murs plaqués de salpêtre
Il entassait force flacons,
Qu'à la table du joyeux maître
On vidait au bruit des chansons.

Foin des combats et de la gloire !
Ici-bas tout est bête et vain.
Louange au Dieu qui fit le vin !
  Honneur à qui sait le boire !

Comme il marchait superbe et digne
Dans les grandes solennités,
Couronné de feuilles de vigne,
Son échanson à ses côtés !
Vive ! — criait la populace, —
Vive notre bon souverain !
Mais, riant dans sa grosse face,
Lui, chantait le long du chemin :

Foin des combats et de la gloire !
Ici-bas tout est bête et vain.
Louange au Dieu qui fit le vin !
  Honneur à qui sait le boire !

A sa devise il fut fidèle :
Avec les princes, ses voisins,
Il n'eut qu'une seule querelle,
Et pour un achat de raisins !...
Pour si pacifiques besognes
Point n'était besoin de soldats ;
Et, seul, un bataillon d'ivrognes
Veillait aux murs de Carpentras.

Foin des combats et de la gloire!
Ici-bas tout est bête et vain.
Louange au Dieu qui fit le vin!
   Honneur à qui sait le boire!

Il préférait le vin aux dames;
Et dans l'histoire nous lisons
Qu'il n'aima que cent treize femmes
Dont il eut cent treize garçons.
Jamais le bruyant mariage
Ne mit le pied dans sa maison.
Il aimait la paix et fut sage
En voulant vivre à sa façon.

Foin des combats et de la gloire!
Ici-bas, tout est bête et vain.
Louange au Dieu qui fit le vin!
   Honneur à qui sait le boire!

Il eut la vie et longue et bonne.
Mais, hélas! arriva son tour.
La mort, qui jamais ne pardonne,
Enfin, sonna son dernier jour.
Et, pour instruction dernière
A son héritier présomptif,
Quoiqu'ayant un pied dans la bière,
Il chanta d'un ton leste et vif:

Foin des combats et de la gloire !
Ici-bas tout est bête et vain.
Louange au Dieu qui fit le vin !
Honneur à qui sait le boire !

MA MEUNIÈRE ET MON MOULIN

Avec son lit et sa cabane,
Mon père à son fils, pour tout bien,
Laissa son moulin et son âne....
Puis il mourut en bon chrétien.
L'âne au moulin, sur son échine,
Porte les blés de la moisson ;
Le moulin les met en farine,
Et moi je chante ma chanson.
    Tic toc tic toc
Comme mon cœur dans mon sein
    Bat pour ma meunière,
Au courant de l'onde claire,
    Tourne mon moulin !
    Tic toc tic toc
    Tourne mon moulin,
    Mon joli moulin !

Joyeux comme une sérénade,
Il mêle son joli tic toc
Au bruit de la blanche cascade
Qui tombe avec fracas du roc.
Ce doux bruit charma mon enfance,
Et si je ne l'entendais plus
J'aurais la sincère croyance
Que mes derniers jours sont venus.
    Tic toc tic toc, etc.

Il est coquet, fort et rapide
Avec ses palettes de bois,
Qui frappent, frappent l'eau limpide
Comme des mains à mille doigts.
Et quand l'onde en écume épaisse
Tombe abondante du rocher,
Il dépasse, bien en vitesse,
La girouette du clocher.
    Tic toc tic toc, etc.

Le neveu de monsieur le maire,
Grand benêt qui fait le bourgeois,
A Madeleine la meunière
A parlé bien doux quelquefois.
Mais il perd son temps et sa peine ;
Quoiqu'il soit un d' nos gros bonnets,
Et la meunière et son domaine

Lui passeront devant le nez.
    Tic toc tic toc, etc.

C'est moi qu'elle aime, et je rassemble
Pour ell' pas mal de beaux louis
Que nous recompterons ensemble
Le jour que nous serons unis.
Nous serons heureux en ménage ;
Car si, comme on le dit là-bas,
Ma mie est un loup à l'ouvrage,
Mon âne ne lui cède pas.
    Tic toc tic toc
  Comme mon cœur dans mon sein
    Bat pour ma meunière,
  Au courant de l'onde claire
    Tourne mon moulin !
    Tic toc tic toc
    Tourne mon moulin,
    Mon joli moulin !

LE CHANT DES SPAHIS

Musique de Célestin Pâquet.

Le voyez-vous là-bas qui passe,
L'escadron venu des déserts?
Ses coursiers dévorent l'espace
Comme l'oiseau qui fend les airs.
Des cavaliers de l'Arabie,
Bronzés par le soleil brûlant,
Le regard brille et terrifie
Ainsi qu'un glaive étincelant.

Allah! La trompette guerrière
Jette ses hymnes aux échos;
Et sous les pieds de nos chevaux
Roule un tourbillon de poussière.
C'est le combat : courons au feu!
Allah! vive la France et Dieu!

On croirait ouïr la tempête
Mugir sous la mer en courroux,
Quand le vent en sifflant s'arrête
Sous les plis de leurs longs burnous;

Et leur carabine rapide,
Inflexible comme le sort,
Sûre comme l'œil qui la guide
A chaque coup donne la mort.

Allah! La trompette guerrière
Jette ses hymnes aux échos;
Et sous les pieds de nos chevaux
Roule un tourbillon de poussière.
C'est le combat : courons au feu !
Allah! vive la France et Dieu !

Longtemps, aux bords où la poussière
Couvre seule l'immensité,
Seuls, le simoun et la prière
Courbèrent leur front indompté.
Une heure fatale est venue
Où de victorieux soldats,
Enfants d'une rive inconnue,
Ont foulé ces bords sous leurs pas.

Allah! La trompette guerrière
Jette ses hymnes aux échos;
Et sous les pieds de nos chevaux
Roule un tourbillon de poussière.
C'est le combat : courons au feu !
Allah! vive la France et Dieu !

Ils ont péché. Le puissant Maître,
Arbitre de tous les destins,
Pour cela voulut les soumettre
A la puissance des chrétiens.
Mais sous les lois des infidèles
S'ils courbent le front aujourd'hui,
Dans ses volontés éternelles
Dieu soit loué ! — c'était écrit !

Allah ! La trompette guerrière
Jette ses hymnes aux échos ;
Et sous les pieds de nos chevaux
Roule un tourbillon de poussière.
C'est le combat : courons au feu !
Allah ! vive la France et Dieu !

Du pays dont la République
Fit une libre nation
Maintenant les fils de l'Afrique
Sont les enfants d'adoption.
Partout où l'honneur de l'histoire,
France, guidera tes drapeaux,
Là tu les verras, pour ta gloire,
Ou vaincre ou mourir en héros.

Allah ! la trompette guerrière
Jette ses hymnes aux échos ;

Et sous les pieds de nos chevaux
Roule un tourbillon de poussière.
C'est le combat : courons au feu !
Allah ! vive la France et Dieu !

LA CLOSERIE DES LILAS

Air de la Corde sensible.

A rêver seul quand parfois je m'ennuie,
Mettant mon frac, prenant mon air chicard,
Je monte en fiacre et dans la Closerie
Je vais chercher un amour de hasard.

J'entre, et d'abord je dépose au vestiaire,
Où les houris rajustent leurs mollets,
Mon parapluie et ma pelisse altière,
Et me voilà dans le joyeux palais.

Autour de moi la danse tourbillonne :
C'est le moment du galop infernal.
Jambes en l'air ! car l'orchestre qui tonne
Du pas sublime a donné le signal.

Entrelacés comme de vertes branches,
Sautent joyeux danseuses et danseurs.
L'étudiant, pivotant sur ses hanches,
Jette au plafond ses lazzis séducteurs.

Les yeux en feu, la folle étudiante,
Répond gaiment à tout propos grivois;
Elle est partout; sa lèvre de Bacchante
Parle et sourit à cinquante à la fois.

Quelle est, là-bas, au milieu de la salle
Cette bichette à l'œil froid et sans peur
Dont le pied droit touche la tête pâle ?
— C'est, mes enfants, *Louise-Voyageur*.

Chacun se presse autour de l'héroïne
Pour admirer son mollet provoquant;
On applaudit sa tournure gamine.
Elle est ici la reine du cancan.

Voyez, plus loin, cette pompeuse fille
Qui parle bas avec quatre gandins.
Je la connais, c'est l'avide *Camille*
Qui vient ici faire la chasse aux daims.

L'autre, là-bas, au milieu de la foule,
Fumant gaiment son cigare d'un sou

Et souriant au chaland qui roucoule,
C'est la petite *Henriette-Zouzou.*

Prodigue enfant du pays de Bohême,
A toute branche elle accroche son cœur;
Au jour le jour elle vit comme elle aime.
Que voulez-vous!... si c'est là son bonheur!

Voici venir *Delphine-la-Colonne,*
Fière beauté, superbe monument.
Baissez les yeux : sa tête de Gorgone
Change en lingot le pigeon imprudent.

Salut à toi, belle *Irma-Canotière!*
Ton nom fameux ne date pas d'hier
Car de Paris jusqu'à la Cannebière
Tu voltigeas sur tes jarrets de fer.

Ton nom, celui de ta fidèle amie,
— Je veux parler de *Nini-Belles-Dents,* —
Seront l'honneur de la chorégraphie
Et parviendront jusqu'à nos descendants.

Bonjour, bonsoir, magnifique *Risette.*
Le plaisir vient ou tu portes tes pas.
Sous ton bébé tu sembles mignonnette.
Mais, par malheur, tu ne rajeunis pas.

Efface-toi devant *Gentille-Alice*,
Petite fleur échappée au printemps.
De son amour je ferai mon délice,
Quelque beau jour où j'en aurai le temps.

Il est minuit et déjà la cohue
Vers le souper gaîment prend son essor.
Bon appétit! toutes, je vous salue,
Sans oublier les dames de *Montfort*.

Mais, en chantant ma fade ritournelle,
Je n'ai séduit qu'une triste catin.
Ma foi, tant pis; j'éteindrai la chandelle....
Vive l'amour et le quartier Latin!

A LOUIS GUIBERT

LES CHEVALIERS DE LA DÈCHE

Musique de Maurice Lassimonne.

Les voyez-vous passer là-bas,
Le nez au vent, marquant le pas
Avec leurs bottes éculées,
Ces gueux, sombres comme l'enfer,
Dont le regard cherche dans l'air
Leurs illusions envolées ?
    Le parvenu rit
    Et tout bas se dit :
A quoi donc servent ces gens-là ?
      Oh ! la la !
    Bonnes âmes, riez ;
    Voilà les va-nu-pieds,
    Les gueux, buveurs d'eau fraîche,
    Voilà les chevaliers
      De la dèche !

Sous leurs pantalons de nankin,
Dans la neige, la canne en main,

Ces gueux sans frissonner barbottent.
L'ironie habite leurs yeux ;
Leur visage est insoucieux....
Mais dans leur cœur comme ils grelottent !
  Le beau gandin rit
  Et tout bas se dit :
A quoi donc servent ces gens-là ?
   Oh ! la la !
 Bonnes âmes, riez ;
 Voilà les va-nu-pieds,
Les gueux, buveurs d'eau fraîche,
 Voilà les chevaliers
  De la dèche !

Un bout de cigare allumé
Qu'ils ont déjà dix fois fumé,
S'agite sur leur lèvre blême.
Ils marchent pliés dans leur frac,
Aussi fiers que monsieur de Crac
Et plus maigres que le carême.
  Le gros ventru rit
  Et tout bas se dit :
A quoi donc servent ces gens-là ?
   Oh ! la la !
 Bonnes âmes, riez ;
 Voilà les va-du-pieds,

Les gueux, buveurs d'eau fraîche,
Voilà les chevaliers
   De la dèche!

Toujours, à l'heure du dîner,
Vous les voyez se promener
Un long cure-dent à la bouche.
Ils ont humé, pour tout festin,
L'odeur du restaurant voisin
Avec un appétit farouche.
   Le gargotier rit
   Et tout bas se dit :
A quoi donc servent ces gens-là?
   Oh! la la!
   Bonnes âmes, riez;
   Voilà les va-nu-pieds,
   Les gueux, buveurs d'eau fraîche,
   Voilà les chevaliers
   De la dèche!

Où donc couchent-ils chaque soir?
Le diable peut seul le savoir.
Ils vont, à travers la nuit sombre,
Chercher une chambre en plein vent
Dont le gaz du gouvernement
Ne vient pas même éclairer l'ombre.
   La patrouille rit

Et tout bas se dit :
A quoi donc servent ces gens-là?
    Oh! la la!
Bonnes âmes riez;
Voilà les va-nu-pieds,
Les gueux, buveurs d'eau fraîche,
Voilà les chevaliers
    De la dèche!

Pour aimer ils n'ont pas d'argent....
Et, comme un amour indigent
N'est point le rêve de ces dames,
Ils sont, ces pauvres gens d'esprit,
Ce qui double leur appétit,
Contraints de dévorer leurs flammes.
    La grisette rit
    Et tout bas se dit :
A quoi donc servent ces gens-là ?
    Oh! la la!
Bonnes âmes, riez;
Voilà les va-nu-pieds,
Les gueux, buveurs d'eau fraîche,
Voilà les chevaliers
    De la dèche!

Ah! plus d'un, dans son âme en feu,
Sentant le souffle ardent de Dieu,

Use en luttes vaines sa vie
Et, parmi la foule oublié,
Porte en son cœur supplicié
Le deuil d'un'immense génie !
  L'imbécile rit
  Et tout bas se dit :
A quoi donc servent ces gens-là ?
    Oh ! la la !
  Bonnes âmes, riez ;
  Voilà les va-nu-pieds,
Les gueux, buveurs d'eau fraîche,
Voilà les chevaliers
    De la dèche !

LE GARDE CHAMPÊTRE

Au village, après le maire
En droite ligne je'vien.
On me craint, on me vénère
Ainsi que Finaud mon chien.
Poliment on nous salue;
Et, dans les processions,
Tous deux en grande tenue
Au premier rang nous marchons.

Je suis le garde champêtre.
    J'ai le nez fin
    Et l'œil malin.
Gare à ceux qui mènent paître
Leurs bêtes chez le voisin!

N'importe quel temps qu'il fasse,
Nous partons au point du jour,
Voir un peu ce qui se passe
Dans les fourrés d'alentour.
Comme il faut que chacun vive,
A moins qu'on ne soit brutal,
Ce n'est qu'à la récidive
Que je fais procès-verbal.

Je suis le garde champêtre.
    J'ai le nez fin
    Et l'œil malin.
Gare à ceux qui mènent paitre
Leurs bêtes chez le voisin !

Si, contre l'intrus qui rôde
Dans les champs sans passeport
Et le vaurien qui maraude,
Je verbalise d'abord,
Pour la veuve qui grelotte
Sous ses guenilles de deuil,
Et, pour se chauffer, fagotte,
Garde et Finaud ferment l'œil.

Je suis le garde champêtre.
    J'ai le nez fin
    Et l'œil malin.
Gare à ceux qui mènent paître
Leurs bêtes chez le voisin !

Lorsque la chasse est ouverte,
C'est le diable, et, sur ma foi !
C'est là qu'il faut être alerte
Si l'on veut servir la loi.
Par les bois et par les seigles
Il faut chasser le chasseur.

Si ses papiers sont en règles
On en est pour sa sueur.

Je suis le garde champêtre.
  J'ai le nez fin
  Et l'œil malin.
Gare à ceux qui mènent paître
Leurs bêtes chez le voisin !

J'en réponds, tout n'est pas roses
Dans le métier, mais, parfois,
Je vois de drôles de choses
Qui m'amusent, dans les bois.
L'autre jour Jean et Jeannette
Ne pensaient point être vus
Lorsqu'ils se faisaient.... risette
Au pied des hêtres touffus.

Je suis le garde champêtre.
  J'ai le nez fin
  Et l'œil malin.
Gare à ceux qui mènent paître
Leurs bêtes chez le voisin !

LES VALETS DE CŒUR

Chantons, mais chantons bas,
Et, pour qu'on ne nous siffle pas,
Aux gens par trop méchants
Demandons grâce pour nos chants.
 Allons droit au but;
 Faisons un salut;
 Plions les genoux
 Et disons à tous :
Serviteur! serviteur!
Je suis votre valet de cœur!

Je suis votre valet;
Agréez mes vœux s'il vous plait.
 Voilà des mots charmants
Mais.... ils sont vieux comme le temps.
 Depuis que la nuit
 Fuit quand le jour luit,
 Le faible au puissant
 Dit en grimaçant :
Serviteur! serviteur!
Je suis votre valet de cœur!

Que le pauvre honteux,
Drapé dans son manteau de gueux,
  Ait le cœur aussi fier
Qu'un Roland et qu'un duc et pair ;
    Quand il a besoin,
    Laissant dans son coin
    Son orgueil bâtard,
    Il crie au richard :
    Serviteur ! serviteur !
Je suis votre valet de cœur !

  Ce riche si hautain,
Dont l'humble et timide maintien
  Du pauvre besoigneux
Flatte l'amour-propre orgueilleux,
    Lui-même, en secret,
    Courtisan parfait,
    D'un ton doucereux
    Sait chanter au mieux :
    Serviteur ! serviteur !
Je suis votre valet de cœur !

  Ces gros et grands boursiers,
Ces nobles à douze quartiers,
  Si fiers de leurs blasons
Et de l'honneur de leurs maisons,
    Au fond d'un boudoir

Roucoulent, le soir,
Soupirant au nez
De quelques phrynés :
Serviteur ! serviteur !
Je suis votre valet de cœur.

Ce monsieur bien en tout,
Riche et toujours mis avec goût,
Du fils de son voisin
A daigné se nommer parrain.
Le naïf mari
Gentiment lui rit
Et devant ses pas
Braille chapeau bas :
Serviteur ! serviteur !
Je suis votre valet de cœur !

Dans le coin d'un salon,
On médit d'un certain baron.
De ce sot animal,
C'est à qui dira plus de mal.
Soudain, il paraît
Et.... chacun se tait
On lui fait bon œil
Et charmant accueil :
Serviteur ! serviteur !
Je suis votre valet de cœur !

LE FESTIN DES AMOURS

Suzon, tu m'as dit ce matin
Que tu voulais m'aimer sans cesse.
Pour récompenser ta tendresse
J'ai voulu t'offrir ce festin.
Du cabaret la nappe est grise,
Le vin que nous buvons est bleu ;
Mais c'est la couleur du bon Dieu,
Et maudit soit qui le méprise.

  Allons, Suzon,
   Fais-moi raison ;
  Voici la bouteille
   Vermeille.
Puisque tu veux m'aimer toujours,
Suzon, buvons à nos amours !

Te souvient-il du premier jour
Où nous nous parlâmes, ma belle ?
C'était là sous cette tonnelle....
Et nous y voici de retour.
Viens dans mes bras redire encore

Ces mots qui charmèrent mon cœur
Quand, dans tes yeux, de mon bonheur
Mes yeux virent poindre l'aurore.

    Allons, Suzon,
      Fais-moi raison;
    Voici la bouteille
      Vermeille.
Puisque tu veux m'aimer toujours,
Suzon, buvons à nos amours!

Notre contrat fut fait bientôt.
Pas n'était besoin de notaire.
Je te plus et tu sus me plaire....
Un baiser fut toute ta dot.
Un baiser, dit-on, — peu de chose!
Mais ainsi s'épousent, je crois,
Le zéphyr, la feuille des bois,
Et le papillon et la rose.

    Allons, Suzon,
      Fais-moi raison;
    Voici la bouteille
      Vermeille.
Puisque tu veux m'aimer toujours,
Suzon, buvons à nos amours!

Combien nous nous sommes aimés!
Aussi quel bonheur fut le nôtre.
Ici-bas je n'en veux point d'autre,
Nous ne nous quitterons jamais.
Enfant, crois-en ma voix qui tremble :
Si tu mourrais, moi je mourrais.
Et sous l'ombrage des cyprès
Nous dormirions encore ensemble.

  Allons, Suzon,
   Fais-moi raison;
  Voici la bouteille
    Vermeille.
Puisque tu veux m'aimer toujours,
Suzon, buvons à nos amours!

Enfant, j'ai rêvé l'autre nuit
Que j'étais roi du peuple Hellène.
Tant mieux! car tu serais ma reine.
Dis-moi si cela te sourit.
Ah! si nous étions sur le trône,
Nous ferions notre peuple heureux.
Mais, que dis-je? roi!... pauvre gueux!
Je deviens fou, Dieu me pardonne!

  Allons, Suzon,
   Fais-moi raison;

Voici la bouteille
Vermeille.
Puisque tu veux m'aimer toujours,
Suzon, buvons à nos amours !

VIVE ROBERT MACAIRE

Le vol est à l'ordre du jour.
Profitons de la bonne brise.
Puisque le vent nous favorise
Dans les airs montons faire un tour.
Sans crainte déployons nos ailes
Et, sans le moindre des ballons,
Parcourons des sphères nouvelles
Volons, morbleu ! messieurs, volons !

A Charenton ! Dame Vertu ;
Ici de vous l'on n'a que faire.
  Puisqu'il est devenu
     Cossu,
  Vive Robert Macaire !

En le voyant, chacun se dit :
— Est-ce bien lui ?... propriétaire !!

— Oui, messieurs, c'est Robert Macaire
Moins le chapeau chauve et l'habit;
Car, contre toutes les coutumes,
Les voleurs de ces temps joyeux
Volent avec de belles plumes
Pour mieux éblouir tous les yeux.

A Charenton! Dame Vertu;
Ici de vous l'on n'a que faire.
  Puisqu'il est devenu
     Cossu,
  Vive Robert Macaire!

Il a laissé dans son égout
Ses haillons, ignoble défroque.
De lui point ne faut qu'on se moque.
Le voilà Monsieur de bon goût.
S'il n'est pas tout à fait honnête,
A coup sûr il est fort poli.
Il marche portant haut la tête.
Ses gants sentent le patchouli.

A Charenton! Dame Vertu;
Ici de vous l'on n'a que faire.
  Puisqu'il est devenu
     Cossu,
  Vive Robert Macaire!

On parvient avec de l'aplomb.
Or, il a su, par son audace,
Au soleil se faire une place
Et pour de l'or changer son plomb.
On fait antichambre à sa porte,
On maudit tout bas le maraud :
Fripon! tartufe!... mais, qu'importe!
C'est en volant qu'on monte haut.

A Charenton! Dame Vertu ;
Ici de vous l'on n'a que faire.
   Puisqu'il est devenu
      Cossu,
  Vive Robert Macaire!

Aux mots de loyauté d'honneur,
Dans son cœur il n'est rien qui bouge.
Sa conscience est un vrai bouge
Où l'or seul jette une lueur.
Mais de ses sentiments on juge
Par son visage au teint fleuri :
Lorsqu'il pleure, c'est le déluge
Et c'est le ciel quand il sourit.

A Charenton! Dame Vertu ;
Ici de vous l'on n'a que faire.
   Puisqu'il est devenu

    Cossu,
  Vive Robert Macaire!

Sous de magnifiques lambris
Aujourd'hui trône ce vieux drôle
Qui porte encor sur son épaule
La marque d'une fleur de lis.
Jadis il dégoûtait la vue.
Mais il a voitures, chevaux.
Et, quand il passe dans la rue,
Devant lui tombent les chapeaux.

A Charenton! Dame Vertu;
Ici de vous l'on n'a que faire.
  Puisqu'il est devenu
    Cossu,
  Vive Robert Macaire!

LE CHÊNE DE L'AIEUL

J'aime, autant que j'aime mon chaume.
Mon vieux chêne au feuillage épais,
Majestueux comme le dôme
Du plus majestueux palais.
Il est bien déjà centenaire,
Car mon aïeul, dans son enclos,
Le planta quand naquit mon père,
Pour l'honneur d'avoir deux jumeaux.

    Il est le frère
      De mon père ;
Je ne le vendrais pas, je croi,
Quand on me donnerait, ma foi !
La plus belle forêt du roi.

Sous son ombre mystérieuse,
Tremblant de joie, un certain jour,
A Madeleine la rieuse
J'ai dit les premiers mots d'amour.
C'est sous son verdoyant feuillage
Que la musette et les hautbois
Ont, le soir de mon mariage,
Fait danser nos bons villageois.

Il est le frère
   De mon père.
Je ne le vendrais pas, je croi,
Quand on me donnerait, ma foi !
La plus belle forêt du roi.

Quand l'orage inonde la terre,
Je m'abriterais bien souvent,
Si je n'avais peur du tonnerre,
Sous son dôme épais et mouvant.
Lorsqu'après un pénible ouvrage,
Fatigué, je cède au sommeil,
Tranquille sous son vert branchage
Je dors à l'abri du soleil.

   Il est le frère
      De mon père.
Je ne le vendrais pas, je croi,
Quand on me donnerait, ma foi !
La plus belle forêt du roi.

Quand le vent siffle dans ses branches,
Il chante comme les oiseaux ;
Et laisse choir des avalanches
De glands que mangent nos pourceaux.
Mes porcs à la foire prochaine
Vont être vendus un bon prix.

Ce sera grâce à mon vieux chêne
Qui les aura si bien nourris.

    Il est le frère
        De mon père.
Je ne le vendrais pas, je croi,
Quand on me donnerait, ma foi!
La plus belle forêt du roi.

Qu'il ferait de bonne chaussure,
Dit mon voisin le sabotier.
Avant de l'arracher, j'en jure,
Je marcherai longtemps nu-pied.
Que le temps s'enrhume à son aise,
Qu'il gèle à fendre le granit....
Plutôt que de le mettre en braise,
J'aimerais mieux brûler mon lit!

    Il est le frère
        De mon père.
Je ne le vendrais pas, je croi,
Quand on me donnerait, ma foi!
La plus belle forêt du roi.

REQUÊTE DES CHEVAUX DE FIACRE
A MESSIEURS LES DÉPUTÉS

A vous, Messieurs, les élus de la France,
Littérateurs, raffineurs, avocats,
Gloire, respect, salut et révérence !
Pour Dieu ! daignez écouter notre cas.
Soyez, Messieurs, amis des pauvres hères....
A notre sort, las ! intéressez-vous.
Vous connaissez nos nombreuses misères....
Bons Députés, ayez pitié de nous !

La servitude est chose abominable.
Chacun de vous, par bonheur, s'est tracé
Sur le papier un programme admirable....
Enfin, le temps d'esclavage est passé.
Nous avons foi dans vos promesses saintes :
Du bien public vous vous montrez jaloux.
Pour l'avenir nous n'avons plus de craintes.
Bons Députés, ayez pitié de nous !

Nous requérons, en ce jour, qu'il vous plaise
Examiner notre condition,
Approfondir, discuter à votre aise,

Les divers points de cette question.
Considérez surtout, Sénat auguste,
Que nos labeurs sont payés par des coups.
Ce traitement nous semble fort injuste....
Bons Députés, ayez pitié de nous!

Nous travaillons jour et nuit sans relâche.
Jamais, jamais un moment de repos.
Nous poursuivons notre pénible tâche,
Le ventre creux, la crotte sur nos peaux.
A nous la peine, à d'autres le pourboire;
Iniquité qui nous révolte tous....
Nous sommes las de courir pour la gloire.
Bons Députés, ayez pitié de nous!

Nous requérons, qu'aux jours froids de l'année,
Pour nous garder du vent et du frisson,
Chacun de nous, la nuit et la journée,
Soit revêtu d'un chaud caparaçon;
Qu'à Charenton, au plus tôt, l'on transporte
Fouets et mors, objets bons pour les fous.
Chez nous, Messieurs, jamais l'on ne s'emporte...
Bons Députés, ayez pitié de nous!

Le soleil luit là-haut pour tous les êtres.
Pour tous aussi le monde a des labeurs.
Ainsi voulut Jupin. — Mais les bons maîtres,

Vous le savez, font les bons serviteurs.
Chez nous, surtout, il faut que l'on travaille ;
C'est notre sort ; qu'on nous le fasse doux.
— Sur ce, que Dieu confonde la canaille !...
Bons députés, ayez pitié de nous !

LES VOLONTAIRES DE 1814

Fier souverain des plaines éternelles,
Au premier cri de sa mère en danger,
L'aigle de France, en déployant ses ailes,
Jette son cri de guerre à l'étranger.
Nos vieux drapeaux, abri de la victoire,
Jadis du Nil revenus triomphants,
Au champ d'honneur où nous attend la gloire
Guident toujours nos pas, braves enfants.

 En avant ! soldats, la patrie
 Implore encor nos bras vengeurs.
 Marchons ! et que chacun s'écrie :
Vive la France ! et mort aux oppresseurs !

Le tambour bat, et les fils de la France,
Abandonnant leurs fertiles sillons,

En entonnant l'hymne de délivrance,
Sont accourus former leurs bataillons.
Braves soldats que l'étranger redoute,
Tous, sans pâlir, vous volez au trépas....
Ah! soyez fiers, car l'univers écoute
Le chant sacré qui vous mène aux combats.

  En avant! soldats, la patrie
  Implore encor nos bras vengeurs.
  Marchons! et que chacun s'écrie :
Vive la France et mort aux oppresseurs!

N'a-t-il pas dit, le sauvage Cosaque,
Qu'il régnerait sur nos murs en débris!...
Quoi! l'Autrichien à la blanche casaque
Viendrait camper sous les murs de Paris!...
Frères, marchons pour nos sœurs et nos femmes;
Sauvons la France et sa virginité.
Nous chasserons leurs cohortes infâmes;
Car sur nos rangs plane la Liberté.

  En avant! soldats, la patrie
  Implore encor nos bras vengeurs.
  Marchons! et que chacun s'écrie :
Vive la France! et mort aux oppresseurs!

Les rénégats, l'Europe conjurée
Voudraient en vain nous courber sous leurs lois;

La nation libre et régénérée
Se rit encor de la haine des rois.
Quatre-vingt-neuf, ton flambeau nous éclaire,
Ta *Marseillaise*, aux sublimes accents,
Des rois impurs étouffant le tonnerre
Fera crouler leurs trônes tout puissants.

 En avant! soldats, la patrie
 Implore encor nos bras vengeurs.
 Marchons! et que chacun s'écrie :
Vive la France et mort aux oppresseurs!

Courage! enfants, l'univers nous regarde.
Voici là-haut le soleil d'Austerlitz.
Qu'il nous conduise et que le ciel nous garde!
Vous, rénégats, tyrans, soyez maudits!
Et quelque jour si la victoire, lasse
De nous servir, ne guidait plus nos pas,
Honte à celui qui demanderait grâce...
La France meurt ; elle ne se rend pas!

 En avant! soldats, la patrie
 Implore encor nos bras vengeurs.
 Marchons! et que chacun s'écrie :
Vive la France! et mort aux oppresseurs!

L'AMI DES GUEUX

CHANT DES OUVRIERS

A chacun son lot sur la terre :
Aux uns la gloire et la splendeur...
Grande famille prolétaire,
A nous est échu le labeur.
Mais la volonté souveraine
Dont chaque loi cache un bienfait,
Mit le bonheur près de la peine....
Et Dieu fait bien tout ce qu'il fait.

Travaillons ! qui travaille prie,
Honore Dieu, sert sa patrie ;
Et le Travail aux doigts calleux
Est le meilleur ami des gueux.

Fière, orgueilleuse est la Paresse ;
Et le Travail est plébéien.
Mais du cœur il a la noblesse ;
Sur son passage il fait le bien.
Par lui règnent dans la mansarde
Et l'abondance et le bonheur.
Au cœur de l'ouvrier il garde
La foi, le courage et l'honneur.

Travaillons ! qui travaille prie,
Honore Dieu, sert sa patrie ;

Et le Travail aux doigts calleux
Est le meilleur ami des gueux.

Ennemi des vices infâmes,
Partout il plante son drapeau.
Aux doigts maigris des vieilles femmes,
Il met le tranquille fuseau.
Lorsque, précurseur des alarmes,
Le clairon sonne les combats,
C'est sa main qui forge les armes....
Ses enfants deviennent soldats.

Travaillons! qui travaille prie,
Honore Dieu, sert sa patrie;
Et le Travail aux doigts calleux
Est le meilleur ami des gueux.

De l'atelier à la charrue,
Il vole avec ses ailes d'or.
Près du chiffonnier de la rue
Il arrête aussi son essor.
Par le monde, tous ceux qui vivent
De leur sueur sont ses enfants.
Au champ d'honneur ceux qui le suivent
En reviennent tous triomphants.

Travaillons! qui travaille prie,
Honore Dieu, sert sa patrie;
Et le Travail aux doigts calleux
Est le meilleur ami des gueux.

Son regard seul donne la vie,
Soleil aux bienfaisants rayons,
Par les arts et par l'industrie
Il enrichit les nations.
Aux pauvres gens c'est lui qui donne
Le pain béni de tous les jours,
A la souffrance il fait l'aumône,
Et construit des nids aux amours.

Travaillons! qui travaille prie,
Honore Dieu, sert sa patrie;
Et le Travail aux doigts calleux
Est le meilleur ami des gueux.

Fiers de leur âge et de leur gloire,
Ils sont à lui, ces monuments
Où son ciseau grava l'histoire
Des nations de tous les temps.
Elles sont à lui ces galères,
Qui, reines de l'immensité,
Portent aux rives étrangères
Le progrès et la liberté.

Travaillons! qui travaille prie,
Honore Dieu, sert sa patrie;
Et le Travail aux doigts calleux
Est le meilleur ami des gueux.

Ils sont à lui, géants de pierre,
Palais sacrés de l'Eternel,

Ces temples saints d'où la prière
Monte en purs accents vers le ciel,
Ce pacifique mausolée
Où, dans les bras froids de la mort,
Par l'espérance consolée,
La créature en paix s'endort.

Travaillons! qui travaille prie,
Honore Dieu, sert sa patrie;
Et le Travail aux doigts calleux
Est le meilleur ami des gueux.

AUX OPTIMISTES

NOTRE SIÈCLE EST PETIT

Air du *Fils du pape* (Béranger).

« Bravo! disent les optimistes.
» Le monde va de mieux en mieux....
» Bourbonniens et socialistes
» En bons frères vivent entr'eux.
» Vit-on jamais telle concorde
» Régner sous la voûte des cieux! »
  Ah! sapristi! (*bis*)
Ces discours méritent la corde.
  Ah! sapristi! (*bis*)
Ah! que notre siècle est petit!

O vous qui voyez tout en rose,
Expliquez-nous donc, s'il vous plaît,
La cause, la subite cause
De ce revirement complet.
Libre à vous de crier, d'écrire :
« Tout va comme chez Nicolet. »
  Ah! sapristi!
A notre tour laissez-nous dire :
  Ah! sapristi!
Ah! que notre siècle est petit!

Bonnes gens, esprits très honnêtes,
A tout approuver toujours prêts,
D'un siècle heureux heureux prophètes,
Où donc est-il votre progrès?
Partout nous ne voyons que l'ombre
Et des gens borgnés et tarés....
  Ah.! sapristi!
Pour un été le temps est sombre.
  Ah! sapristi!
Ah! que notre siècle est petit!

Vous qui parlez de confiance,
D'égalité, de bon accord,
La haine avec la défiance
De votre seuil défend l'abord.
Pour une idée ou vraie ou fausse,
Chacun voudrait pouvoir encor,
  Ah! sapristi!

De son rival creuser la fosse....
    Ah! sapristi!
Ah! que notre siècle est petit!

Vos discours, paroles menteuses,
Ne nous ont pas tous endormis.
Vos beautés sont choses affreuses.
Messieurs, tout va de mal en pis.
Depuis que fut trahi par Eve
Adam dont nous sommes les fils,
    Ah! sapristi!
L'homme n'a fait plus vilain rêve....
    Ah! sapristi!
Ah! que notre siècle est petit!

Sur son autel que l'on encense
Le veau d'or trône vénéré,
Et rien, dans notre pauvre France,
Rien, excepté l'or, n'est sacré!
Ah! de ceux qui liront l'histoire
Ce temps justement exécré,
    Ah! sapristi!
Fera douter de notre gloire.
    Ah! sapristi!
Ah! que notre siècle est petit!

Sommes-nous les fils de ces hommes
Qui créérent la liberté?
Sommes-nous même leurs fantômes?

Non. — Nous aurions plus de fierté.
L'âme en fuyant son corps d'argile
N'en chasse point la majesté....
  Ah! sapristi!
Le bras tremble quand l'âme est vile.
  Ah! sapristi!
Ah! que notre siècle est petit!

Mais votre voix est la plus forte....
De parler vous avez le droit.
A nous, incrédule cohorte,
De nous taire et de filer droit....
Vous offrez casaque dorée
Et le bonheur à qui vous croit....
  Ah! sapristi!
Pour vous gardez votre livrée.
  Ah! sapristi!
Ah! que notre siècle est petit!

FIN

Paris, imp. Aubry. rue de l'Eglise-Vaugirard, 6.

DU MÊME AUTEUR

FRANCE ET POLOGNE

Brochure in-8

Chez Cournol, éditeur, rue de Seine, 20. — Prix : 1 fr.

—

Pour paraître prochainement

LES NEIGES D'ANTAN

—

UNE FEMME DE THÉATRE

Esquisse de mœurs

RIMES FRANCHES

PAR LOUIS GUIBERT

A la Librairie centrale, boulevard des Italiens, 24.

In-18 jésus. — Prix : 1 fr. 50.

LA FRANCE GAULOISE

Journal littéraire et artistique

Rédacteur en chef : PAUL PARELON

Principaux Collaborateurs

Clairville, Emile Deschamps, Emile de La Bédollière, comte de Chevigné, Louis Guibert, Joséphin Soulary, J. Boulmier, Mahiet de La Chesneraye, Protat, A. de Roussillac, Prosper Delamare, Alex. Cosnard, Lesguillon, Désaugiers, Ed. Vicq, Audray Desborthies, Boucher de Perthes, etc.

24 numéros par an. Abonnement : 3 fr.

Le 1er vol., composé de 26 nos, expédié *franco* : 3 fr.

Adresser les abonnements à M. N. Marchal, directeur, Grande-Rue de Vaugirard, 134, à Paris.

Paris, imp. Autry.

www.ingramcontent.com/pod-product-compliance
Lightning Source LLC
Chambersburg PA
CBHW052302220526
45471CB00001B/451